类似上世纪六七十年代的上山下乡、八九十年代的大学生出国留学，当前的中学生出国热，正在如火如荼地蔓延到中国的每一个角落。如果您家有孩子正在读中学，您是如何看待这件事情的？

中学生出国留学指导手册

不管您的孩子准备出国与否，您都应该对此有所了解！！

沧浪 ◎ 主编

北京大学出版社
PEKING UNIVERSITY PRESS

前　言

你还在为孩子的升学问题而发愁吗？

你还在犹豫是否尽早地送孩子出国留学吗？

你还在纠结哪个国家更适合孩子去留学吗？

你还在担心孩子在国外的生活和安全问题吗？

你还在……

你还在等什么呢？张爱玲昔日在古旧的上海弄堂里说了一句：出名要趁早。而今日快节奏的生活也已经逼迫所有家长必须喊出一句心里话：出国要趁早！

为什么要出国？

中国是世界超级人口大国，每年的高考考生数量只增不减，大学虽多，但普通院校毕业的本科生已经难以在社会上很好地立足，而重点本科的录取名额却只有那么多，这就导致每年的高考都是一场血雨腥风的战争。独木桥越来越窄，但蜂拥欲过桥的人却越来越多，结果只能是随着一个人的顺利度过，无数人扑通落水。多么悲哀的局面，家长们难道忍心看到自己的孩子寒窗十年最后落得去就读三流大学，或者是年复一年地复读吗？

别再犹豫了，送孩子出国留学吧，那里有更广阔的天地，能让孩子更加自由和茁壮地成长。

为什么要尽早出国？

家长要明白，现在高中毕业后出国留学已经不像几年前那般冷门了，随着我国经济水平的逐步提高，已经有很多家庭有能力送孩子出国，因此当他们的孩子在高考的时候没有好的成绩时，就会让孩子远渡重洋留学异乡。你是不是也在想，自己也等孩子高考后再说？这样考虑太不周全了，既然大学生留学市场已经日趋火热，那么竞争相对也激烈，为何不让你的孩子赢在起跑线上呢？早一步去国外，就能更好地融入那里的人文地理。

尽早送孩子出国，才能让他在通往成功的道路上比别人先起跑。

知识改变命运，学习成就未来。外国的学习环境相对国内要宽松自由很多，家长把孩子送去国外，能让他更好地成才。21世纪，说到底，是人才竞争的世纪，好的人才才能在社会上大放异彩，推动时代的进步。

本书的编者也已经为人父母，深知广大家长望子成龙、望女成凤的拳拳之心，因此特地搜集了很多既前沿又可靠的资料，编写了这本《中学生出国留学指导手册》，旨在帮助不了解出国留学的家长认清如今的教育趋势，而对于有送孩子出国留学想法的家长，则提供了很多实质性的指导。另外，那些已经把孩子送出国的家长，也可以看看这本书，里面有关于如何监督以及照顾孩子在外国人身安全与学习生活等方面的具体操作方法。

无论如何，可怜天下父母心。

目　录

第一章　父母一定要明白中学生出国留学的利与弊 ………… 1

孩子能够提早接受外国自由创新文化的熏陶自然是好，但很多随之而来的中学生留学问题也不容忽视。未成年孩子出国留学是否合适，还需要家长慎重考虑。

中学生成为出国留学"生力军" ……………………………… 2
中学生出国留学的"利"与"弊" ……………………………… 5
中学生与大学生出国留学的不同之处 ……………………… 10
中学生出国留学可能遇到的问题 …………………………… 11
不要盲目出国留学 …………………………………………… 14
国外的教育好在哪里 ………………………………………… 16
中学生在留学申请过程中存在的问题 ……………………… 19

第二章　什么样的中学生适合出国留学 …………………… 21

不同国家之间存在很大的差异，孩子年龄小能否适应，是否有理想的留学方案和留学渠道，等等，只有全面衡量这些问题，才可以最终决定是否让孩子出国。

中学生出国留学要因人而异 ………………………………… 22
出国留学是不是年龄越小越好 ……………………………… 23
如何适应国外的文化和生活 ………………………………… 25
初中生留学的几种途径 ……………………………………… 28
初中毕业生的留学方案 ……………………………………… 30

美国高中的申请概况 ·········· 30
美国私立寄宿学校的申请 ·········· 32
如何通过留学"语言关" ·········· 33

第三章 中学生出国留学，家长要提前做好各项准备 ·········· 37

中学生年龄小，大多不具备完全独立生活的能力，父母只有在孩子出国留学前为他们做好各方面的准备，才会让他们在未来的留学生涯中少走弯路，避免许多无谓的烦恼。

送孩子出国留学，你真的想好了吗 ·········· 38
家长要为孩子做好留学规划 ·········· 39
根据孩子的特点确定留学目标 ·········· 41
家长要选择正确的沟通方式 ·········· 42
用心和孩子进行交流 ·········· 46
家长要做好最充分的资金准备 ·········· 49
准备申请材料 ·········· 50

第四章 中学生自己的相关准备事项 ·········· 53

出国留学，除了父母，中学生自己也必须做好相应的准备。不只是学习成绩，个人各方面都要全面发展，诸如语言能力、自我生活能力、心理承受能力等都需要提高。

要有独立生活的能力 ·········· 54
培养良好的心理素质 ·········· 55
学好英语是基本要求 ·········· 55
具备一定的心理成熟度 ·········· 56
提前做好专业规划 ·········· 58
多参加课外活动 ·········· 59

第五章 家长在孩子出国准备中存在的误区 ·········· 61

在送中学生出国留学的问题上，很多家长都没有经验，因此，常常会在一些准备工作中出现各种误区，例如海投简历，片面追求孩子成绩，一心想要上名校，等等。

  漫无目的地海投申请……………………………………… 62
  片面追求孩子的成绩……………………………………… 63
  忽视了留学面试的重要性………………………………… 64
  想尽办法让孩子上名校…………………………………… 66
  孩子还小，不用太重视国内语言学习…………………… 67
  混淆留学考试和语言学习………………………………… 68

第六章　中外合作学校，中学生出国留学的重要途径………… 71

在中国，各种国际学校、国际班、国外语言学校等中外合作学校犹如雨后春笋，出现在中学生及家长面前。通过这些学校，中学生们可以更加安全便捷地踏上留学之路。

  国际学校……………………………………………………… 72
    北京乐成国际学校…………………………………… 72
    北京爱迪国际学校…………………………………… 73
    北京中加国际学校…………………………………… 75
  国际班………………………………………………………… 76
    北京四中国际班……………………………………… 77
    北大附中国际班……………………………………… 79
    北京十一学校国际班………………………………… 80
    北京八中怡海分校…………………………………… 83
    清华附中国际班……………………………………… 85
  国外语言学校（预科）……………………………………… 87
  如何选择中外合作学校……………………………………… 89
  回避中外合作学校的招生陷阱……………………………… 90
  国内各省市中外合作学校名录……………………………… 92

第七章　中学生出国留学如何选择学校 ………………… 97

有的国家天气太过寒冷，有的又太过炎热，对于大多数生长在温带的中国孩子来说，能适应那的天气吗？除了天气，饮食习惯又能适应吗？宗教信仰有冲突吗？学校会排斥中国留学生吗？

根据孩子自身的性格特点进行选择 ………………… 98
选择国家很重要 ………………………………………… 99
大城小镇任你选 ………………………………………… 100
根据家庭经济条件选择 ………………………………… 101
出国留学最好不改变语种 ……………………………… 102
气候有时也很重要 ……………………………………… 103
根据学校规模和师资力量进行选择 …………………… 104

第八章　中学生出国留学如何保障安全 ………………… 105

中学生正处于少年时期，生活能力欠佳，自我保护意识差，如果一个人在国外学习和生活，父母就会时刻担心孩子的人身安危。

深入了解目的地 ………………………………………… 106
孩子要知道如何应对突发事件 ………………………… 107
保证心理健康 …………………………………………… 109
购买充足的保险 ………………………………………… 110
家长要做好后勤工作 …………………………………… 112
选择正规可靠的中介才有完善的后续服务 …………… 113
安全小贴士 ……………………………………………… 114

第九章　国外中学的申请流程及相关学校介绍 ………… 115

国外中学众多，家长要想送孩子出国留学，不但要选择好的学校，还要选择对的学校。而且，家长还要了解各个国家中学的申请流程，以便顺利快速地给孩子办理好出国的相关事宜。

美国中学的申请流程 ········· 116
美国知名中学 ················ 117
  卡尔弗特高中 ············ 117
  圣温德林天主中学 ········ 119
  圣三一天主高中 ·········· 120
  圣安德鲁斯中学 ·········· 122
  古斯通高中 ·············· 124
  牛津中学 ················ 126
  梅西女子中学 ············ 128
英国中学的申请流程 ········· 129
英国知名中学 ················ 131
  切尔西学院 ·············· 131
  伦敦安培德中学 ·········· 133
  贝勒比斯学院 ············ 135
  诺丁汉比尔伯乐高级中学 ·· 137
  剑桥教育集团 ············ 139
澳大利亚中学的申请流程 ····· 141
澳大利亚知名中学 ············ 143
  堪培拉政府中学 ·········· 143
  昆士兰政府中学 ·········· 144
  巴尔温高中 ·············· 146
  布莱克本高中 ············ 147
  圣母女子学院 ············ 149
  阿德雷德大学附属中学 ···· 150
  查尔斯—坎贝尔中学 ······ 151
  圣艾夫斯公立中学 ········ 152
  布列克赫斯特公立中学 ···· 153
加拿大中学的申请流程 ······· 155

加拿大知名中学 ······ 157
　　布鲁克林学院 ······ 157
　　兰里教育局 ······ 158
　　新威斯敏斯特教育局 ······ 159
　　列治文教育局 ······ 161
　　素里教育局 ······ 162
新西兰中学的申请流程 ······ 163
新西兰知名中学 ······ 166
　　蒙特艾伯特中学 ······ 166
　　昂斯洛中学 ······ 167
　　玫瑰山中学 ······ 169
　　格伦德卫中学 ······ 170

第十章　中学生在国外留学必须回避的雷区 ······ 173

中学生到一个完全陌生的国家留学，需要注意很多方面，一些在国内无关痛痒的小事往往在国外就变成严重的事，一些在国内常开的玩笑到了国外后果也许很严重，甚至是一些食品到了某些国家也不能随便吃了……

不能在书本上乱做记号 ······ 174
不能称黑人同学 Negro ······ 174
别在外国人面前脱鞋、系鞋带 ······ 175
不能随便称呼对方为老师，要称呼教授 ······ 176
不要和同性同学一起跳舞 ······ 176
不要夜间单独乘地铁 ······ 177
不能过分谦虚 ······ 177
不要随便搭乘陌生人的车 ······ 178
不能随便说"I am sorry"或威胁别人 ······ 178
不能在同学面前伸舌头 ······ 179

女生不要时常微笑 ················· 180
　　避免讲话只讲自己感兴趣的话题 ········· 180
　　不要主动为同学付账 ················ 181
　　不要乱送同学礼物 ················· 181
　　不能违背诚信 ··················· 182
　　有些动物吃不得 ·················· 184
　　逗猫的后果很严重 ················· 185

第十一章　中学生如何顺利拿到留学签证 ········· 187

　　出国留学的第一步就是拿到签证，在办理签证的过程中留学生家长究竟要注意哪些问题呢？办理护照和签证的流程家长们是否都了解了呢？在申请不同国家的留学签证时是否有技巧可循呢？

　　如何申请签证加急 ················· 188
　　小签证和大签证 ·················· 189
　　别做签证官"黑名单"上的四类人 ········· 191
　　中学生留学签证不可以"走后门" ········· 193
　　并非只能面签 ··················· 194
　　"包装"孩子并不一定易获签证 ·········· 195
　　雇用律师也无法保证签证获批或者翻案 ······ 195
　　赴美留学，签证准备技巧 ············· 196
　　加拿大留学签证申请技巧 ············· 197
　　解读英国签证的 CAS 系统 ············ 198
　　赴澳大利亚读高中的签证要求 ··········· 199

第十二章　高中生参加美国 SAT 考试的相关事项 ····· 201

　　中学生要想申请美国名校学习及获得奖学金，必须过 SAT 考试这一关。这是美国名校评判一个学生是否可以进入该校学习的重要参考。打算去美国留学的学生，一定要对 SAT 的考试内容，以及考试的时间、地点、费用、策略等心中有数。

  中学生留美不可或缺的SAT成绩 …………………………… 202
  SAT考试内容 …………………………………………………… 203
  SAT考试的时间、地点、费用以及报名步骤 ………………… 205
  美国高考SAT七项策略 ………………………………………… 208
  SAT是判断一所高中好坏的唯一标准吗 ……………………… 209

第十三章　中学生出国留学的注意事项 …………………… 211

  留学也是锻炼孩子独立能力的良好途径，舍不得放开孩子他就成不了才。家长缓解担心的方法只有在出国前做好充分的准备工作了。

  中学生家长考核留学院校应注意哪些方面 …………………… 212
  出国留学携带钱财注意事项 …………………………………… 213
  出国留学行李注意事项 ………………………………………… 214
  选择留学中介机构应注意哪几方面 …………………………… 217
  选择中介机构时几个常见的误区 ……………………………… 219
  什么是"OPEN"机票与"OK"机票 ………………………… 220
  读美国私立高中的优势 ………………………………………… 221
  美国走读高中和寄宿高中 ……………………………………… 222
  美国公立高中交换生 …………………………………………… 224
  几年级申请赴美读高中最合适 ………………………………… 225
  读美国高中政策放宽 …………………………………………… 226
  中学生赴澳留学须知 …………………………………………… 227
  中学生赴新西兰读书需家长监护 ……………………………… 230
  新西兰限制性签证 ……………………………………………… 231
  新西兰留学签证对英语水平无要求 …………………………… 232
  新西兰留学的优势 ……………………………………………… 233
  新西兰留学新政策 ……………………………………………… 235

附录 ·· 237
　国内主要的留学中介机构及其网址 ················ 238
　出国留学的汇款方式 ······························· 239
　高中生留学加拿大常见问题解答 ··················· 240
　高中生留学美国四种选择 ··························· 242
　如何选择美国学校 ·································· 243
　九大最受中国学生欢迎的留学国家 ················ 244
　留学咨询相关网站 ·································· 246

第一章
父母一定要明白中学生出国留学的利与弊

孩子能够提早接受外国自由创新文化的熏陶自然是好，但很多随之而来的中学生留学问题也不容忽视。未成年孩子出国留学是否合适，还需要家长慎重考虑。

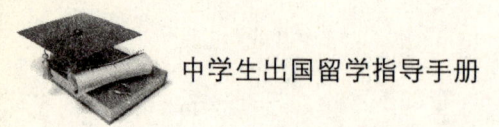
中学生出国留学指导手册

中学生成为出国留学"生力军"

几年前，出国留学还是令人羡慕和高不可攀的事。如今，这对于普通的老百姓来说也不是什么新鲜事了，出国留学出现了低龄化、私费化的趋势。越来越多的中学生放弃高考，出国留学，日渐成为一种潮流。

当大多数中学生及家长们都把目光盯向高考，准备接受升学"考"验的时候，另一股热潮也正悄然兴起，对于这部分学生和家长而言，有一件事比高考更能引起他们的关注，那就是出国留学。

在天津一家规模较大的出国留学中介机构内，前来咨询出国事宜和报名参加外语培训班的学生及家长络绎不绝，高三学生小惠也是其中之一。小惠已经记不清这是第几次来这里了，不过她说这应该是最后一次了，因为她留学美国的一切手续和签证都已经办好了。卸下高考重担的小惠对即将开始的留学生活充满了新奇和期待，人也显得十分轻松和喜悦。

小蕊是上海市一所重点高中的高三学生，在她眼里，身边同学出国留学的现象已经见怪不怪了："从高一起，班里就有人走，开始时大家还觉得很震惊，可是后来走的人越来越多了，大家就习以为常了。"在她的班里，已经放弃高考即将出国留学的同学有五六个，有的早在高二时便制订了留学计划，现在出国手续都已经办得差不多了；还有几个成绩优秀的同学不惜在高考前夕放弃"冲刺"，临时

第一章
父母一定要明白中学生出国留学的利与弊

决定出国。

小蕊的学校表示,中学生的出国留学热现在愈演愈烈。近几年,中途退学、休学出国的中学生每年都在递增,现在一年就有大约20人出国留学。

与大学生毕业出国读研究生不同,中学生出国留学一般是由家长选择的。有学者认为,正是由于这种强烈的家长色彩,"出国热"可以说是继"钢琴热"、"美术热"、"择校热"之后的又一轮"望子成龙潮"。其实,这也是家长们希望在孩子身上实现自己未了心愿的一个表现,只是换了一个形式而已。

小李的妈妈计划安排孩子到澳大利亚留学,她的想法是:"现在的大学年年扩招,毕业生一年比一年多,就业也越来越不容易。参加高考的考生数量屡创新高,与其让孩子去挤高考这座独木桥,不如想办法让他到国外去接受先进的教育,这样既有利于将来继续深造,也会有利于就业。"

当然,与小李的妈妈想法相似的家长不在少数。他们认为,喝过"洋墨水"的人具备了更广阔的文化知识结构和国际视野,往往更具竞争力。现实地看问题,在国内人才竞争激烈的情况下,一纸"镀了金"的文凭会更有竞争力。有位家长的观点就很有代表性:"我要让儿子上哈佛大学,让他接受最好的教育。"在这种心态之下,不管孩子最终能不能读上理想中的大学,只要条件许可,家长们都会坚定不移地送孩子出国留学。

现如今,"小留学生"的不断输出主要得益于留学手续的简便化,用业内人士的话说,"年龄越小出国越容易"。中国实行九年义务制教育,因此一般情况下学生只要完成规定的学业便可出国。即使是没有海外关系的家长也找到了出国留学的渠道。在中国,有许

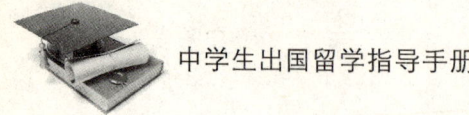

多合法的留学中介机构，每一家都可办理近十个国家的留学事宜，并在各地市设有分公司，主要业务就是介绍高中生出国留学。因此，只要家长愿意支付2~3万元不等的中介费，送孩子出国就是轻而易举的事情。

此外，部分国家降低留学生的出国担保标准也使更多渴望出国的学生实现了留学的梦想。将孩子送到这些国家留学，不需要国外的亲友提供资金担保证明，只需父母一次性支付几万元担保费。这对决意要送子女留洋的父母来说，无疑提供了极大的方便。

而在未成年的孩子们心中，踊跃地想出国基本上都是出于对国外生活的好奇。

郭爽在新西兰已经待了两年了，她从初二开始便到新西兰读中学。在谈起出国的动机时，郭爽说："除了可避开高考的竞争，我主要还是受了亲友和同学的影响。大家都说出国读书好，很多早已到美国、澳大利亚、英国留学的老同学也都说国外不错，我也就有了出国的念头。我的父母是做生意的，有能力送我出国，于是我的留学梦便很快成了现实。"

到国外留学，一个留学生完成从中学到大学毕业的费用，至少是50~60万元人民币，这对于任何一个家庭来说都是一笔不菲的开支，但是，为了更好地培养下一代，现在有越来越多高收入的家庭不惜一掷千金。

美国国土安全局的数据显示，到美国私立高中读书的中国学生在2005—2006学年度的人数仅为65人，而在2010—2011学年，这一数字增长至6725人，暴涨了100倍还要多。据相关数据显示，在美国私立中学之中，高中阶段四年的花费约为20万美元，许多中国家庭已经将之视为一个提升社会地位的可靠途径和物超所值的投资

第一章
父母一定要明白中学生出国留学的利与弊

机会。

总结起来,中学生留学热潮之所以"高烧"不退,存在着国内外两方面的原因。

一方面,国内一考定终生的高考制度,使考生的前途存在着很大的偶然性;而在录取政策上,不同地区录取比例的悬殊差别,又使不同地区的考生面临不公平的竞争,人口大省的考生相对人口较少省份的考生,要多付出几倍的艰辛努力。另外,在中学教育方面,资源有限,优质教育资源更是凤毛麟角,要想突破各种限制条件让孩子进入较好一点的中学读书,就得缴纳高额的赞助费,动辄几万,十几万,甚至几十万元。如此算来,加上其他费用等,跟出国留学的费用相比也差不了多少。

而另一方面,外国中学的教育更自由,更人性,直接进入外国大学就读的机会更多,师资力量,教学环境等,相对于国内的中学而言都更胜一筹。另外,国外学历含金量更高,留学经历普遍被国内认可,对于将来的就业而言,更具有竞争力。

基于上述原因,具备一定经济条件的家庭,在子女入学受教育方面,自然便多了一种选择,也就形成了现今的中学生留学热潮。

中学生出国留学的"利"与"弊"

毋庸置疑,出国留学更有利于学生自身的成长,会增强学生自身的竞争力,为其将来的发展奠定坚实的基础。中学生在留学的过程中,不仅能够学到先进的知识,更重要的是还可以充分了解异域

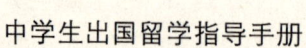

文化，理解西方人的思维方式，毕业后不会因为无法与外籍同事沟通而苦恼。另一方面，随着社会的发展，现在十七八岁的学生，在接受了3~4年的西方先进教育后，恰逢前所未有的发展机遇。无论是对中国还是西方来说，这些接受过国际化教育，具备不同文化背景的年轻人必然会成为各方争抢的优秀人才。

具体来说，中学生出国留学的"利"主要有以下几方面：

（1）了解外国文化，体会人文的关怀

留学生活会极大地开阔你的视野，真实体验多元文化，锻炼独立思考的能力，培养坦然面对胜利和失败的心态，不断提高自身素质，并且有助于你以更全面的眼光理解人性和社会，还会让你更加关心和热爱我们的祖国。

（2）中学生出国留学，可以奠定一些良好的语言、性格和友谊基础

自主学习、自理生活、充分提倡个性发展的环境，对塑造孩子独立自主、自强不息的性格非常关键。而且在这个时候，和海外本土孩子一起学习生活，同学相处很少带有成人"世俗"或者"功利"的眼光，能发展健康纯洁的友谊。由此，让更多的外国朋友了解中国。

（3）有机会进入一流大学深造

如果中国学生想进入世界一流大学学习，那么不但要在国内成绩优秀，还要提早适应国外的教育体制，那些成绩优异的孩子，如果有条件可以出国读高中，就可以为将来成功进入世界一流大学深造奠定良好的基础。

（4）选课灵活

可以根据自己的兴趣、爱好以及对自己的职业规划，灵活选择几门课程来学习。国外高中一般采用选课制，学生在进入高中时就

要去选课,直面自己的兴趣和爱好,独立思考自己将来到底要学习什么专业,从事什么工作,从而有的放矢地选课。

(5) 改善行为习惯,提高自身素质

受多方面因素的影响,孩子在国内可能会有一些不良的行为习惯。如果去国外学习,这些陋习,比如拖拉、懒散、缺乏时间观念,等等,都会得到改善。同时,道德素质也会有很大提高,更利于孩子的全面成长。

(6) 有利于良好品质的形成

中学生正处于各方面全面发展的阶段,此时出国留学,可以更好地锻炼他们的毅力和独立生活的能力,同时,也能培养他们吃苦的精神,让他们有一种不达目的不罢休的精神。这些东西将成为孩子一生的宝贵财富。

虽然在中学时期把孩子送到国外读书可以有这么多的利好,但是,凡事有利也有弊,因此从另外的角度看中学生出国留学,还存在着这样或那样的问题,对于未成年的孩子来说,还有诸多的挑战。这也是家长们送孩子出国之前需要注意和充分考虑的问题。

众所周知,中学时代是孩子成长的关键时期,他们需要的是一个相对持续和稳定的社会文化环境,来解决自我熟悉的危机和形成独立的自我意识,而出国留学带来的环境突变,则会造成自我迷失与决策混乱,带来心理失衡和行为失范,这对于孩子的成长是一个很大的挑战。

孩子在中国生活了十几年,一直深受中国文化潜移默化的影响,但到了国外就要一切都从零做起。然而,少年时期,孩子的心理承受能力较弱,这样突然出去很容易让孩子产生自卑心理,甚至出现自责、自残等行为,影响孩子健康成长。

中学生出国留学的不利情况:

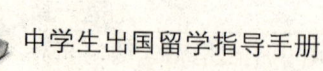

(1) 孩子压力巨大

如果不经过充分了解，就送孩子出国留学，这种情况相当于赌博，赌注是孩子的青春和未来、父母的期待以及家中的积蓄。对于家庭条件一般的孩子而言，在这样的情况下，会感到很大的压力，而在这种压力下一过就是好几年，这对于孩子的成长非常不利。

(2) 孩子自控力差，容易被诱惑

高中生年龄比较小，自控能力较差，人生观尚未成熟，到了一个没有约束的环境，很容易被错误的价值观诱导，同时，国外某些国家时局比较动荡，社会治安也不是很好，因此，安全也成为很多中国家长担心的问题。

(3) 高估国外生活

国外的生活可能会和所想象的差别很大。许多欧洲国家人口稀少，街道冷清，到处是低矮的平房，城市市容还不如中国的上海和深圳。

(4) 不利于孩子身心发展

家庭是孩子成长最重要、最亲切的环境，过早送孩子出国学习，让孩子在相当长的时间内生活在一个陌生的环境中，没有父母的支持、监督与帮助，会极大地影响其身心的健康发展。

(5) 国外消费高

国外某些发达国家基本上比较受中国学生的欢迎，然而这些国家，由于其经济发达，消费水平相对会很高。很多时候，对于一般家庭的孩子来说，国外的高消费往往会让你囊中羞涩，总是得去挑选别人看不上的便宜货，生活质量较低。

(6) 生活习惯差异大

无论是哪一个国家，即使是在同一个大洲内，每个国家的生活习惯，地方风俗习惯都有许多不同，都会让你觉得非常不舒服，很

第一章
父母一定要明白中学生出国留学的利与弊

难在短时间内适应。

(7) 难舍"乡愁"

身在异国他乡,最难克服的就是深深的"乡愁",出国留学生很少有没哭过的,尤其对于年龄较小的中学生来说,这更是难过的一关。你很努力地学习却总是名落孙山;你生病了,全身难受,父母却不在身边照顾,在窄小的房间里只有你自己;母亲打来电话,嘘寒问暖,你却要笑着说:"妈,我在这边一切都很好,别担心。"当一个中学生在异国经历这种种境况的时候,内心需要承受极大的痛苦和挣扎。

(8) 很难融入外国人群

由于各国之间的文化差异,中学生初到国外,可能会很难和外国学生打成一片,很难融入他们中间。另外,某些外国人有很强的排外情绪。这会让孩子在异国他乡有很强烈的孤独感。

总之,中学生并没有成年,他们在思辨能力、世界观的形成、自理能力、处理生活等方面还不都成熟,还无法辨别社会现象的好坏。而国外的学习、生活完全是一种全新的状态,想要他们接受和融入是一个比较困难的过程。当然,如果是为了学习外语而出国,那大可在国内学,国内的外语教学水平在世界上也是堪称一流的。而且,如果语言基础不扎实,就直接奔赴国外也不会有多大益处。

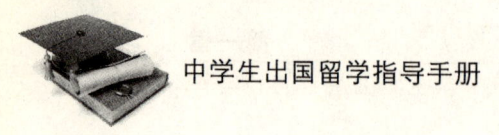

中学生出国留学指导手册

中学生与大学生出国留学的不同之处

中学生与大学生相比，有很多不同之处：年龄不同、阅历不同、受教育程度不同，等等，这都会影响他们出国留学之后的情况。

1. 他们对待出国的看法不同

中学生年龄小，对留学的看法不是那么深，一般都会是他们的父母做主；而大学生出国留学，更多的是出于自己的决定。因此他们在对待出国这件事上就会有不一样的感受。有的中学生，甚至只是被父母"赶鸭子上架"，他们对出国就可能会有些不情愿，甚至反抗的情绪；大学生则会理性很多，因为他们选择出国更多的有着自己的想法，比如为了就业、更深的求知。

2. 适应能力不同

年龄小是优势也是劣势。年龄小，语言学习优势大，中学生会比大学生的语言学得更地道。并且，小孩子之间隔阂比较小，很容易成为朋友，便于适应当地的人文生活。但是年龄小，自制力相对较差，在国外宽松的学习环境下，可能会荒废了学业。中学生说到底还是个孩子，独自一人在他乡异国，能否承受各种压力，有没有独自处理一些问题的能力，这些都是个未知数。大学生就会好很多。

3. 受国外影响不同

中学生经历的事情比较少，心理不够成熟，容易受新潮事物的影响，虽然这会使他们更易于接受国外的文化，但也更容易受到不良因素的影响。他们不太能够控制自己，就算有时候知道这样或那样做并不正确，也可能不是远离反是沉迷其中。加之性格尚未成型，没有完整的世界观，便会因之而导致错误的人生。大学生经历的多，有自己的是非观，在这方面就会比中学生好很多，但正因为他们接受的多，而对国外的文化一时接受不了，从而加长了适应的时间。

4. 经济能力不同

中学生未成年，经济上完全依赖父母。这就需要父母在孩子出国期间全权负担起这方面的责任。大学生就可以申请课外打工、学校的勤工俭学，这对父母来说可以减轻压力，大学生自己也可多体验生活。

中学生出国留学可能遇到的问题

中学生与成年的大学毕业生成熟的程度不一样。一般情况出国留学，都需要由父母来做主。有一些家长对国外了解比较多，对孩子选择出国留学想得比较全面，而有一些家长选择出国留学就是在对国外缺乏了解、各方面准备不全面的情况下的盲目跟风。这样可能会导致许多问题。例如，学生到了国外难以适应环境、跟不上课程，从而荒废了学业。而有的即便学成归来，在国内发展也不好。因为很小就出去，核心的竞争力在国外，从创造财富的角度来说，获得巨大成功的可能性较小。

马先生是个私企的老板，为人处世很硬气，但是一说起他留学

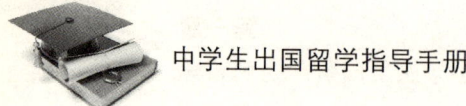

回来的儿子就怎么也"硬"不起来。他的儿子去澳大利亚留学三年,回来在家呆了快两个月,一份像样的工作也没找到。马先生叹气说:"两百万权当没赚,或是赌博输了。"

有人为中学生留学概括了三个好处:掌握一门外语、获得一个洋学位、找到一份好工作。其实,并非如此。据相关调查了解,前往各国留学的中学生,有近五分之四没有明确的学习目标,他们大都是被父母一颗颗"望子成龙"的心逼去的。

去加拿大留学的小赵,原先在家乡一所普通中学读初中,看到身边的同学许多都去国外留学,就在父母一手操办下,通过留学中介到了多伦多。到了异乡,独立学习生活时,小赵才发现离开家的日子真难过。

像小赵这样稀里糊涂、跟风出国求学的学生有很多,他们往往没有足够的心理准备,在举目无亲的异国他乡需要独立生活时,才发现举步维艰,困难重重。

具体来说,目前中学生出国主要遇到以下问题:

1. 经济关

一个孩子在国外完成从中学到大学阶段的学业,至少需要50～60万元人民币。而有的家长对此并不十分了解,认为可以获得奖学金,可以打工赚学费。有的学生学至中途才发现难以负担,而不得不选择回国。

2. 语言关

去国外留学的中学生,如果语言能力太差,就会给学习和生活带来很大的障碍,不仅会浪费很多金钱,还容易产生厌学情绪,感到前途渺茫,甚至自暴自弃。

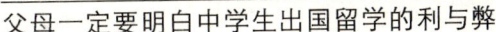

第一章
父母一定要明白中学生出国留学的利与弊

3. 生活关

孩子生理、心理都尚未发育成熟,就过早地出国留学,是对他们独立生活的严峻考验,而家长们恐怕也会担心。两者只怕都会痛苦。

蔡先生为送儿子到加拿大留学,一年包括学费、生活费和中介费在内,花了 35 万人民币。因为儿子身体本身就瘦弱,加上英语基础也不好,在那边学习非常困难。现在家里的经济状况也出现了问题,不得已,他准备将儿子接回来送到国内的民办大学就读。蔡先生觉得钱用了倒没什么,耽误了孩子的时间才最不应该。

4. 留学服务市场良莠不齐

现在越来越多的父母想让孩子出国,与此同时,中介机构也逐渐增多。但是其中有的只是瞄准了你兜里的钱,服务质量却较差。家长和学生一定要选择正规的中介,避免耽误了时间又浪费了钱。那么如何选择正规的中介呢?专家提醒,可以在中国教育部教育涉外监管信息网查询。

选择中介机构办理留学时,首先要查验它是否具有教育部颁发的"自费出国留学中介机构资格认定书"以及当地工商管理部门颁发的允许其开展自费出国留学中介业务的"营业执照",仔细核对相关内容。

此外还可以通过别的方面来加以甄别。第一,可通过网络、报纸等各种途径全方位了解中介机构的资质和口碑。第二,日常生活中,多关注教育涉外监管信息网对留学行业发布的规范和整顿措施,包括国外正规院校名单、留学预警等。

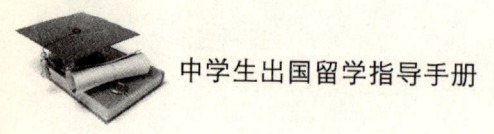

不要盲目出国留学

很多留学生家长应该深有体会，送孩子出国绝不是一件容易的事，孩子出国后也不是想象的那样一帆风顺。

留学专家认为，留学"热"，多少有些"虚热"，需要降降温。出国留学切忌盲目跟风，要根据自身情况来具体地分析。

1. 出国留学需要大量的资金，一定得量力而行

很多家长可能不知道，把孩子送到境外读书，如果拿不到全额奖学金，自费将是一笔很大的开支，因此，我们的学生应该明白，家庭条件对是否选择出国有很大的影响。家庭经济情况好的同学去国外自费读书，家里能够承担得起。而如果家庭经济情况不好，勉强出国，国外的生活可能不好过，对家里也会造成很大的影响。

2. 了解自己孩子的实际状况

有些学生家长只是看到身边朋友亲戚的孩子都出国了，就也赶紧张罗着给自己的孩子办出国，不清楚孩子的实际状况，有些甚至忽略了孩子对选择的专业是否感兴趣。等孩子到了国外，家长才发现他的境况远没有想象中的那般美好，比如孩子不习惯当地生活，对学习也没有热情，连一个可以谈心的人都没有，很容易就把自己给迷失了。所以出国前，一定要对孩子有个切合实际的评估，不能盲目跟着别人走。

3. "高考落榜，哈佛上榜"

许多家长认为在国内想要通过高考考上一个好大学非常困难，

第一章
父母一定要明白中学生出国留学的利与弊

所以希望在孩子中学的时候送孩子出国留学，然后考入国外的名牌大学，甚至有些家长认为，出国念中学就一定可以进名校。总之，他们把留学看成了成才捷径。其实，这是对留学的很大误解。学生在国内成绩一般，自我学习能力差，到了国外却能取得优异的成绩，从而获得名校的青睐，这种情况可谓少之又少。在国外念中学的直接升入国外名校根本就没有家长们想象的那么容易。甚至有的中学生还会因为不适应的原因，远不如在国内的表现。

4. 要有正确的选择

有的家长和学生，对所要去的国外学校的教学质量并不十分了解，只是觉得出国就是好的。这是非常盲目的做法。目前，中学生出国留学有两类。一类是在国内表现就特别优异的学生到国外留学，他们会选择有名气的学校，还会获得全额奖学金。当然这类留学，入学的门槛很高，被称为"高端留学"。另一类就是那些在国内成绩不好的学生，他们所要去的学校门槛很低，但是教学质量不高。这类留学被称为"垃圾留学"。这类学校其实就是为了做留学生意，学生在那里没有什么好的发展，甚至对他们还会产生恶劣的影响。而且，这类"垃圾留学"经常会有一些留学丑闻发生，比如，花钱买大学录取名额，请人替考，买通监考老师获得考试的通过。有的中介机构或是国外教育机构，看准了中国的留学市场，为了做中国学生的生意而放低门槛，家长和学生们一定要警惕。对出国留学选择一定要慎重，必须详细了解学校的具体情况。

5. 不要迷信年龄优势

我们有的父母认为孩子越小越容易融入社会，这样他们就希望尽早让孩子出国。孩子早出国是有优势，但同样也是有劣势的。家长在决定自己孩子出国的时候，一定要根据孩子的自身条件来判断他是否可以在这个年龄段出国，而不至于无法独立生活或者受到外

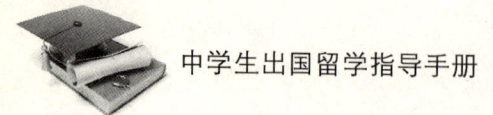

国社会的某些不良风气的影响。

国外的教育好在哪里

我们经常会看到国内的学生背着又重又大的书包,他们似乎总有做不完的作业,就算是放假也少不了补习、功课。看着他们在沉重的学习压力下全力拼搏,我们很想知道和他们同龄的国外学生在做什么。他们的学校生活是不是也有这么大的学习压力?有没有各种各样的考试?

小学阶段

一位在加拿大上小学的孩子的母亲,这样介绍孩子在学校的生活。刚上小学的时候,孩子在学校大多数时间是识字、阅读。老师经常带孩子们到图书馆,让他们挑选自己喜欢看的画册,还带他们去接触大自然,了解大自然,给他们讲解各种常识,教他们懂礼貌,有爱心。等到三四年级以后,孩子们的理解能力比较成熟才开始教数学,这样孩子们学起来速度会快很多。在小学阶段,国外的孩子的阅读量要远远多于国内的孩子,而花在数学上的时间远没有我们国内的多。所以,和我们国内相比,国外的孩子比较成熟,独立思考问题的能力比较强,而数学的基础知识没有我们学得深,学得多。

中学阶段

国外的中学生初中才开始学我们小学五六年级的数学课程,但他们的阅读量非常大,还有许多课外活动。

大多数西方国家高中课程主修的不多,但有不少供学生自己选

第一章
父母一定要明白中学生出国留学的利与弊

择的选修课。选修课程有很多种类：第二外语、艺术和戏剧、音乐、计算机、商课、建筑设计、饮食健康教育等。还有一些课程在国内是必修课，在他们这里却被列入选修课，如历史、地理、化学、生物等。选修课程都比较容易，目的是为了培养孩子对专业课的兴趣，给上大学打下基础。如果你上大学报的专业跟高中的不一样，只要有充分的理由说明你在改换的专业有优秀的成绩，很容易调换。总之，国外的教育更人性化。

几乎所有人都听说国外的学生压力小，那么这个压力小主要体现在哪方面？主要体现在课时少、作业少、竞争不那么激烈、考试压力小等方面。在西方的教育体制下，很少见到一个学生学习到很晚，还得课外补习或是参加辅导班之类的现象。

Kaber是一个从小就随父母出国的孩子，现在上初三。他说平常的作业很少，一般回家不用多少时间就可以做完。业余时间，他喜欢玩曲棍球，去看舞台剧。他是个特别活泼开朗的孩子。

国内的孩子每天除了完成必要的功课，课外还得参加各种辅导班，几乎没有自己的活动时间，花在学习上的时间远远超过国外的孩子。可是，在社会适应能力、个人素质和快乐程度等方面，我们却落后很远。

小沈是一名在国内读大三的学生，他当年的高考成绩与他们地方的高考状元不差多少。然而他却说，选择专业前，他迷茫，快毕业了他仍迷茫，因为他根本不清楚自己到底对哪方面感兴趣。从小到大，只是努力学好各科成绩，却没有特长。

学习成绩好固然十分重要，可作为孩子的父母，更希望孩子全面发展，能真正体会到学习的乐趣，能有他们自己的爱好，能让他

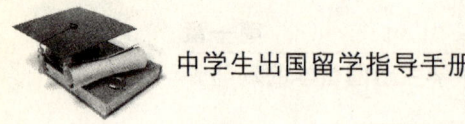

们的天分得到发挥。我们都知道，应试教育下优秀的孩子也许不缺好的工作，但是并不一定快乐幸福。

大学阶段

在国外的一所大学里，大一新生正在上第一堂人力资源课，老师随意问了下谁打过工（包括兼职工作和志愿者工作），课堂上有100多人，其中一半以上的人都举起了手，那个时候他们才18岁。国外高中的压力远小于我们国内，他们的高中生有足够的时间来培养自己的爱好，参加社会实践。大学期间，差不多每个学校的学生会都很活跃，学生也可以加入各种各样的组织，绝大多数的学生都会有兼职工作，学校还设有职业中心（career center），为学生提供在读和毕业后的就业辅导及各种工作机会。跟国内相比，国外的教育理念和硬软件设施更注重培养学生的素质。在国外，本科学生容易找到工作，读研究生的就很少（当然也有学生继续钻研深造，他们完全是出于兴趣，将来出成绩的可能性就很大），大多数读研究生的都是国际学生，中国学生居多，尤其是商科这样的热门专业，一个班80%以上都是国际学生，中国学生占其中的80%都不足为奇。

国外对选择大学专业上没有制约，也不像国内的高考制度。这样不必为了下次的高考而多等一年，或者选了自己并不喜欢的专业而一学就是四年。所以，现在越来越多的学生高中毕业后就出国了。

与国内教育相比，在培养一个学生的个体成长上，他们更占优势。但是多年在国内教育体制下培养的孩子大部分缺乏自制力，他们在国外相对宽松的环境下究竟能否健康地成长，这是父母需要仔细考虑的。所以国外教育是否适合自己的孩子，家长们应慎重对待。

第一章
父母一定要明白中学生出国留学的利与弊

中学生在留学申请过程中存在的问题

随着中学生申请到国外留学的渐渐增多，在申请过程中出现的问题也越来越多，集中起来主要有以下几点：

1. 资金的错误估计

家庭的经济状况是决定一个学生能否出国的先决条件，这是硬性需求。有了良好的经济状况，留学生在国外才能有一个相对适宜的环境。有的人认为有奖学金可以申请，而且还可以勤工俭学。诚然我们是可以申请奖学金，但那毕竟是少数，而且奖学金的申请要求很高。至于靠打工来自己赚取学费，恐怕会很不容易。留学大部分的花费还是需要家庭来提供。如果因为留学而加重了父母的负担，很不合适。有的甚至因为经济的原因中途不得不放弃留学而回国。所以，打算去国外留学的学生及家长一定要先对自己家庭的经济担负能力认真地做一次评估，量力而行。

2. 对所去学校不了解

我们很多的学生和家长认为出国只要委托了中介机构，就可以静等消息。而且觉得一定会是自己想要去的学校。其实不是，现在的中介机构鱼龙混杂，国外的教育机构也好坏不一。他们说的学校不一定就是学生、家长想象中的学校。有的留学生到了国外才发现，学校环境差，教学质量更是不好，这时候再换学校，会很麻烦，而且浪费时间和金钱。在留学时，一定仔细挑选学校，详细了解学校的条件，比如，学校占地面积、周边环境、教学水平等。

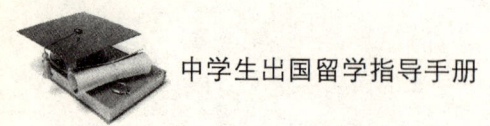

3. 心理准备不足

许多学生去国外留学，只是盲目跟从，看到身边的同学去，他们也跟着去，或是听从父母的安排，对自身能否适应国外的环境缺乏认识。他们有的人因为本身的一些条件，比如，性格外向、独立性强等，可以很好地适应国外的生活；而有些性格内向的人就可能会遇到较大的挫折。针对这种情况，我们的留学生，不能只看到别人成功的例子，还要结合自身的条件，对自己不足的方面加强学习、调整，对可能在国外遇到的各种难题做好准备，以免到时候自己措手不及。

4. 申请资料作假

有些学生在国内高考没有取得好成绩，上不了名校，想要出国报一所有名气的学校。有一个好的成绩当然更有可能让学校看上自己，因此，一些人在这个时候就篡改自己的成绩。出国需要自己写申请信，还需要提供推荐信，甚至还需要用曾经获得的荣誉来为自己加分。如果申请信写得不好或是根本不会写怎么办？于是就有人找他人代写。就是托福、雅思类的考试，也有找人代考的。这些人有的在签证的时候就被发现了，那只能是被拒，先前的努力付之东流。而有的学生即便顺利到了国外，还是被看穿了，结果被遣回国内。比如，堪萨斯州的一所大学，几名中国留学生在开学去上课时，被发现他们与先前参加托福考试时的照片完全对不上，结果被学校劝退。诚信是为人根本，西方国家很重视这点，造假会留下"案底"，不止这一次被拒，更是断送了以后再次留学的前程。

我们的学生和家长在出国时，应该慎重考虑，把各方面都准备妥当，切莫弄虚作假，到头来受伤害的还是自己。

第二章
什么样的中学生适合出国留学

不同国家之间存在很大的差异,孩子年龄小能否适应,是否有理想的留学方案和留学渠道,等等,只有全面衡量这些问题,才可以最终决定是否让孩子出国。

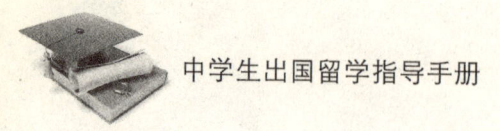

中学生出国留学要因人而异

有关专家、机构对13~20岁年龄段的留学生作了一个调查,他们发现:影响孩子出国时机的主要原因不是年龄,而是个人情况。比如有些孩子年龄很小就去了国外,但最后发展得很好;而有些年龄较大、二十多岁才到国外读研究生的留学生,却过得苦不堪言。究其原因,与每个人的性格、爱好、家庭背景、家庭教育、知识、经济基础以及个人期望值等都有密切关系。

外国的教育不同于中国,老师只是起一个指引和启发的作用,许多看似精简的课程更多的是需要学生们课外积极的讨论和思考。这就要求学生具备较高的自己学习和提高的能力。一个人猛然到了一个陌生的环境,能否快速适应,和他人的交流是否融洽?有很多需要独自一人来处理的问题,是不是能够应对?这些都是学生以及家长应该考虑的问题。

对于中学生来说,如果他们本身具备足够的能力和信心,相信自己一定能够很好地处理这些问题,并且对于出国留学非常期待,那么这样的学生无疑是适合出国的,因为留学的确是个非常好的获取知识、增长才能的途径;相反,如果中学生本身对出国留学非常抵触甚至是畏惧,并且自身能力有限,还不具备独立生活和生存的能力,那么就要慎重考虑是否要出国了。

对于家长来说,如果自己的孩子心理成熟、能力突出、性格外向,并且自己家庭的经济状况也非常优越,那么送孩子出国未尝不

第二章
什么样的中学生适合出国留学

是一个好的选择；相反，如果自己的孩子与上面所说的特征截然相反，并且自己家的经济条件也有限，那么留在国内让孩子接受教育未尝不是一个明智的选择。

出国留学是不是年龄越小越好

本科生、高中生，甚至更小的初中生出国留学有怎样的利与弊，我们不妨举一位家长赵先生的例子。

- 赵先生的孩子现在在加拿大读书，送孩子走之前他很矛盾。到底孩子是中学就去国外读，还是高中毕业以后再去国外读大学，他考虑了很长时间。现在一般是根据家里的经济条件，经济条件好一点的话早一点送出去，条件差一点就到大学时再去国外读。最后他决定把孩子送到国外读高中。他的想法是希望孩子早一点接受西方的教育。毕业以后，读完研究生或者读完博士再回国工作，这样能够把比较先进的西方教育、科技、甚至是政治方面的先进理念带回来，这个对国家可能是有帮助的。他说他也深层次地思考过这个问题，我们国家现在出国留学的学生年龄越来越小，这个对我们国家来说到底是一件好事，还是坏事，他现在也不知道。

我们可以看出，这位家长在对孩子什么年龄段出国最好这个问题上是很矛盾的。其实这也代表了大多数家长的想法。那么是不是年龄越小出国就越好呢？答案当然是否定的，孩子小去国外读书固然在知识和文化的学习上有一定的优势，但是也正因为年龄小，孩子也容易出现这样那样的问题。

黎女士家里非常有钱，和许多望子成龙的父母一样，黎女士和丈夫也希望孩子能够受到最好的教育，正好家里的经济条件还允许，所以儿子小学一毕业，他们就把孩子送去了加拿大读中学。

刚刚到国外，黎女士的儿子非常不习惯，甚至连续几天哭着打电话要回家。黎女士和丈夫看到这种情况，虽然心疼自己的儿子，但是为了孩子的长远发展，他们狠下心来对孩子的要求不予理睬，只是想方设法在金钱和物质方面补偿孩子。

第一个学期结束以后，黎女士和丈夫立马去接儿子回家过假期。但是看到儿子的那一刻，他们心痛如绞。儿子面色惨白，精神恍惚。一番追问之下，黎女士和丈夫才得知，仅凭着几个月的学习，儿子并不能熟练地掌握英语。于是，课堂上，本来活泼的儿子一言不发，同学不喜欢、老师不喜欢。就连黎女士给儿子请的做饭阿姨都不喜欢他，每天随随便便弄一些方便的东西给他吃。这样，黎女士的儿子渐渐地变得更加内向、不爱说话。并且从黎女士狠心地不理睬他回国的请求后，儿子和自己以及丈夫也再也亲近不起来了，电话里也是什么都不说。

看到这样的结果，黎女士和丈夫悔不当初。

年龄小的孩子还不具备独立生活的能力，他们常常无法很好地照顾自己、保护自己。像黎女士儿子这样的情况，在留学国外的中学生中并不少见。只身国外、举目无亲、语言不通、饮食和生活习惯迥异……这些都会在一定程度上对孩子产生影响，而通常来说，孩子年纪越小，越无法很好地处理这些问题。

所以，孩子出国当然不是越小越好，而是要根据孩子和家庭的实际状况来决定孩子是否出国留学，什么时候出国留学。

第二章
什么样的中学生适合出国留学

如何适应国外的文化和生活

许多准备去国外留学的学生,关心最多的问题是怎么才能办好签证,如何找个好的学校。他们中很少有人问,到了国外会遇到哪些文化上的问题,能否快速适应当地生活。

实际上,许多留学生到了国外陌生的环境中,语言不通,又没有什么交心的朋友,要花很长的时间来适应当地文化,这不仅影响了学习,也造成了不必要的浪费。所以即便你为孩子留学事宜准备得面面俱到,可能还需要花时间详细地了解一下所要去的国家的风俗习惯和人文环境,这样方便孩子快速适应。

1. 正确理解、接受文化的差异现象

文化如同地球的引力一般,只有离地三尺我们才能感到它的存在。留学生飘零海外,远离家乡,处在一个陌生的环境,那里的人们无论是对人还是对事都有与自己迥然不同的看法,这时候我们才能强烈地感受到我们自己的文化就流尚在血液中。我们会变得非常敏感,对针对自己的文化偏见,特别是对当地某些人的排外情绪会感到很不舒服。但并不是所有的文化偏见都会产生排外的心理和行为。我们在国外所遇到的绝大部分当地人都是友好的。虽然他们也有偏见,但是怀有跨文化交往的愿望,只要我们友好得体,都是可以成为朋友的。我们要警惕的是极端文化偏见和排外。在一些发达国家,我们常会遇到一些极端分子,他们认为外国人就是来抢饭碗的、就是不怀好意。通过一些行为,甚至只是一个简单的面部表情,

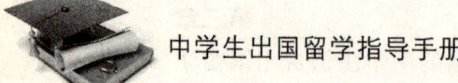

比如眼神就可以看出他们那种对外国人的偏见和歧视。在文化交流和效当中，留学生要准确区分和正确对待这两种类别的偏见，以便减少不必要的麻烦。

极端的排外行为在多数的留学国家并不多见，倒是日常的饮食、起居习惯等方面会造成许多不理解和不必要的麻烦，例如一些房东不愿把房子租给中国学生，因为中国人的烹调习惯会把厨房搞得非常油腻。所以我们到国外学习，首先就要学会适应。

2. 明白适应文化需要一个过程

一般的，初次出国留学的人会经历兴奋、文化碰撞、适应三个过程。而每个人之间又有着个人心理、教育背景、语言能力、家庭状况等的不同，这三个过程的时间段就会长短不一。第一次踏上异国他乡，周围都是新鲜的，说得夸张点，不异于地球人到火星。

首先会很兴奋，对一切都充满了好奇，觉得就算是跟自己的看法、观念不一样也没什么。这时候对文化的差异很能容忍。如果没有一个友好的向导，这个兴奋期（据相关统计，通常两周左右）很快就会过去，随之而来就是失望与失落——对新环境并不如自己想象的那么美好感到失望，对自己连国外简单的衣食住行都不了解感到失落。

文化的碰撞从生活的小事开始，其影响却是在人的心灵上。等慢慢地我们理解并习惯了所在国的行为准则，言行举止也有意无意地向当地文化靠拢，那么我们就进入了适应期了。我们不再感觉到无所适从，对当地的生活方式不再少见多怪，还有了自己的圈子。但值得注意的是，文化磨合的时间越长越影响一个人的学习。

问题来了，为什么有的人可以快速地适应，有的人磨合的时间却相对较长呢？造成这个结果有许多的因素：主观上来说有我们自己的"有色眼镜"，还有对所在国文化、风俗、人情的极不了解；客观上有年龄原因、语言原因等。一般来讲，出国学习者的年龄越小，

第二章
什么样的中学生适合出国留学

语言能力越强，越容易适应。此外，跟文化本身也有一定关系。比如，美国的移民文化是一种杂糅的文化，很容易让人适应；而欧洲一些地方古老单一的文化，在包容性上就会差很多，适应这种文化环境中的生活需要更多的努力。

3. 克服文化差异的障碍

不同的国家有不同的文化。如果一个人没有亲身体验一种异国文化，就只能通过他人的经验或大众媒介的宣传来形成自己对这一文化的看法。一个比较极端的例子：在20世纪80年代，有许多中国留学生被人问中国女人是否还裹着小脚。这说明他们还没有获取崭新的中国新文化、新信息，因而产生误解或曲解。但是，人是可以改变的。我们要懂得沟通，善于交流，采取正确的方式来改变周围人的看法。

因此，将要跨出国门的学生必须做好语言和文化方面的准备。例如尽可能多地找机会接触在华的外国人，请他们介绍他们在中国的跨文化体验和国外的生活习惯等。到了国外后，能做到的尽量做到，积极地改变自己，不要一味地认为自身都是好的、不需要作出改变，而是要贴近所在国的生活和文化，入乡随俗。

在美国康奈尔大学攻读博士学位的康同学说："我刚到美国时，口语不好。第一次当助教试讲时，为了调节气氛我讲了一个笑话，除了中国的留学生听懂笑了，其他的美国学生不知所云。但是最后评价时，督导说，虽然他没有听懂我的笑话，但却起到了效果。他还告诉我，很欣赏我的勇气，这是一个很好的尝试。所以敢说是很重要的，而且只有敢讲才会成长，到了我第一学期助教结束的时候，学生给我评价最多的是：'康非常棒！'"

给本科生上课和答疑的助教经历，不仅让康同学更好地了解了

中学生出国留学指导手册

美国大学生的知识水平和思维方式，而且帮助他很快适应了美国的科研环境。所以去国外读书的学生要敢于去做，在国外外向的人相对会比较容易适应，内向的人可能需要适当改变。

跨文化交流有两个方面需要避免：一是仇外，二是媚外。两者都是文化偏见极端化的表现。跨文化交流，我们需要暂时放下自己的标准来理解他人，但并不代表要抛弃或者完全否定自己的文化价值观。其实，差异并不是件坏事，差异往往可以引起他人的注意和好奇。如果我们能够利用文化的差异性，将它转化为沟通的动力，那么我们就可以交到许多朋友。文化之间有差异，但并无优劣之分。我们在与他人交流的同时也要学会保护自己，维护自己的民族自尊。否定自己的民族自尊绝不会换来他人的尊重。

另外，中小城市的居民，为人质朴、好客，对外国人比较好奇。据一位留法的学生小李讲，他在法国北部的一个中型城市待了两年，第一次去市立图书馆借书时因为"中国文化"结识了两位图书馆员，她们后来对小李度过适应期给予了极大的帮助。到了巴黎后，这样的机会就少多了。

大都市的人口较多，外国人也较常见，不会让人觉得特别好奇，加之工作压力大，种族间差距较远，人们的关系会相对淡薄。所以我们在选择留学的时候，不妨找一些中小城市来度过自己的语言适应期，那样相对会比较容易。

初中生留学的几种途径

初中生到海外留学，方法其实有多种，如果家庭条件特别好，

第二章
什么样的中学生适合出国留学

或者在国外有亲戚朋友,甚至可以直接移民。我们现在主要来说一些常规的途径。

1. 向海外高中直接申请

如果想要通过这个途径来申请学校,那么学生一定要做好心理准备了。因为他们得面对自己整理英文申请资料、发邮件、接受校方的全英文环境面试等一系列语言问题。所以这个途径比较适合一些综合素质较好、家境比较富裕的学生。而当前到中国招生或有意向到中国招生的美国高中大都是私立高中,虽然学校的知名度和教学质量等有所保障,但学费、生活费非常高昂,不是一般的家庭能够承受的。

2. 通过中介申请

通常来说,由于长期从事中介服务,中介手中或多或少会有一些家长所没有的学校信息、申请经验等。但是这里建议家长们选择中介服务一定要选择经过国家教育部考核认可的正规中介,学生在申请过程中要尽可能多地了解信息,选择最适合自己的学校和课程。

3. 参加中外办学的课程

我国有些高中与国外学校开展合作办学,互相承认对方的教学质量,举办一种被称为"2+1"的项目:学生可以先在国内读两年,然后到国外读一年。这个项目不但能够实现"未出国先留学"的目的,同样也可以理智地将中外高中教育分时段、分地区"无缝接轨",给那些已经下决心出国上大学的学生提供了选择机会。这样对那些初中毕业就立刻出国的学生来说,家长们可以安心、省钱,学生也可以循序渐进地学习,既高效又省时。

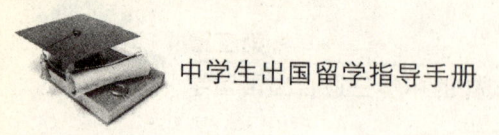

初中毕业生的留学方案

根据学生自身条件的不同以及所选择出国留学的国家不一样,会有不同的留学方案。我们以留美为例介绍一下留学申请的一般过程。

美国高中的申请概况

美国的高中有公立和私立两种。初中毕业生如果申请去美国上高中,这两种都可以选择。美国高中一般是4年制,从9年级到12年级。留学生入学,可从对应年级开始学起,但国际学生必须在美国本土读两年才可以升本科。美国的公立高中占大多数,没有学费,但是择校不自由,而且只接收少量国际交换学生——美国法律规定公立高中允许外籍学生的最长就读时间是一年。所以在法律规定的时限之后,只能再转到私立学校。私立学校没有这种限制,它又分为寄宿制和日制两种,这类学校签发F1学生签证,但是学费相对较高。

入学条件

美国重点高中和国内录取学生的标准不一样。录取委员会在招收学生时不只考核学生的考试成绩,更注重对学生的综合素质,如独立性、适应能力、活动能力、个性发展等的评价。他们希望学生不仅成绩出类拔萃,还要积极主动地参加社会实践,如学生领袖、雄辩手、拥有文艺才能、运动健将等。美国是个文化杂糅的国家,

第二章
什么样的中学生适合出国留学

所以他们更乐意看到这些留学的国际学生能把自己祖国的文化介绍给本土学生。

申请程序

学生要向所申请的学校递交申请表格、初中成绩单、SSAT 或 ISEE 成绩、家庭银行存款资金证明。学校收到材料后，会派遣教师前往面试。学生在面试前应充分了解学校的喜好、要求和标准。

美国高中申请所需材料：

① 申请表和申请费；

② 资金证明；

③ 标准化考试成绩（非必须）；

④ 英文个人简历；

⑤ 个人陈述（英文短文）；

⑥ 英文推荐信；

⑦ 成绩单，毕业证，或在读证明；

⑧ 荣誉证书；

⑨ 护照复印件。

语言要求

中国学生报考美国学校一般要求托福成绩在 550 分以上，如果语言成绩达不到要求，或者没有参加托福考试，学校通常会对申请人进行一个电话面试。假如通过录取，入学以后需要参加学校的入学英语水平考试，根据考试成绩参加学校设立的不同级别的 ESL（英语作为第二语言的语言培训课程），入读的时间根据个人不同的语言基础、学习快慢程度，从半年到一年不等。

在校成绩要求

申请美国高中，要求申请人提供本人近三年的在校成绩。初中

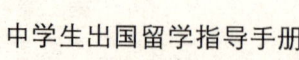

毕业生去美国读高中，需要提供初中三年所有在校的成绩单，并且平均分数要达到 75～80 分以上。

美国私立寄宿学校的申请

大多数去美国读高中的中学生，父母会给他们选择私立寄宿学校。这是出于对学习、生活、活动等各方面综合因素的考虑。私立寄宿中学教学质量很高，老师学生比例很小，一般几个学生对一个老师。老师除了负责教学，对国际学生的生活上也很照顾。年纪小的孩子住学校也比较安全。家长可以通过咨询孩子在读中学的老师来了解学生的学习方式、社交成熟度以及通过各种考试所评估出来的学习潜力。通过这些信息列出一系列符合要求的学校及学校概况，如地理位置、学校规模、重点课程、体育项目和课外活动等。这时家长就需要同孩子一块来好好探讨，对学校再进行筛选。专家建议采用 2—2—2 的方法：选择两所绝对达到标准的学校，选择两所较符合标准的学校，再选择两所达标的学校。

选好学校后就需要提交申请文件，接下来就得等很长一段时间，期间可能会参加相关考试，并在当年的 10 月份至第二年的 1 月份进行面试。如果没有特殊情况，学校必须在初春通知学生结果。

通常，寄宿学校需要以下材料来了解申请者的情况：

① 家长问卷调查；

② 学生问卷调查；

③ 老师推荐信；

④ 近两年的成绩单；

⑤ 招生考试成绩；

⑥ 财政援助申请表。

学生的申请文件一般会被好几个人审核。学生不可能都见到他

第二章
什么样的中学生适合出国留学

们，申请文件就是你给他们的第一也是唯一印象。所以整张申请表一定要先做好草稿，再认真检查、修改，最后抄到正式表格上。一个漂亮、整洁的申请表会给审核人留下较好的印象。

学校会考虑申请人以下三方面的标准：

（1）学生在学术上的潜能。

（2）在固有的目标和资源下，学校能为学生制造参与和有助于校园生活的机会。

（3）学校与学生教育需要的配合。

老师推荐信帮助招生处了解学生的学术能力和社交能力。这些文件是机密的，主要内容是老师对学生的评估，不会让学生看到。申请者必须使用贴有邮票、写有学校地址的信封以便使所有推荐信都能直接寄至招生处。家长需提醒老师截止日期，并附带一个已经写好自己地址、贴好邮票的明信片，这样老师完成了推荐信之后可以寄给家长以示工作的完成。

寄宿学校采用多种不同程度的测试来评估申请者。他们可能举行中学录取考试或是私立中学录取考试，国际学生也许要提供托福考试成绩，成绩所占比例由学校自主决定。大部分学校会在招生季结束之后通知申请的学生。学生的家长可以打电话询问学校的具体通知时间。学生收到录取信的同时，学校会订出一个最终期限，让学生决定是否接受。学校还会邀请收到录取通知的学生再一次参观学校，帮助学生作出最后决定。如果学生接受的话，家长就必须在招生合同上签字，并存入学费。

如何通过留学"语言关"

不管是托福还是雅思，考试的基本部分都是听、说、读、写。考试会围绕着这四个部分出题以测评学生的语言能力。那么，这四

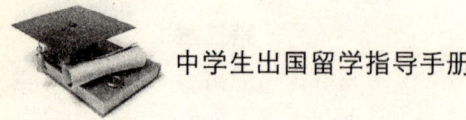
中学生出国留学指导手册

个部分应该如何强化呢？下面，我们具体说明。

1. 听

有些初到国外的学生英语底子差，很难听懂老师上课所讲的内容。如果慢慢来适应，就会耽误较多的时间。

小李是个在加拿大留学的高中生，他开始的时候英语很差，根本听不懂老师讲课的内容，感觉很苦闷。后来听同学介绍，听BBC英语是一个很不错的提高听力的方法。BBC播音员用词和语法都特别地道，用这个方法来练习听力会特别有帮助。初期有很多生词，而且因为语速很快，一篇报道下来，小李也就能听懂两成。但是，语言的学习不是一朝一夕就能学好的事情，只有持之以恒才能提高水平。抱着这样的信念，小李每天都提前半个小时起床，一边收拾自己的学习用品，一边练习听力。每天放学以后也是如此，一边休息一边听BBC广播。每天听的时间并不是很长，而且练习听力也不累。但慢慢地，他发现自己积累了很多英语发音的特点和用词的方法，对于后来的语言考试起到了决定性的作用。

我们发现其实小李用在英语听力上的时间也不多，但却起到了很大的作用。因为他在宿舍中创造了一个全英语的环境，潜移默化，他就习惯了听英语，听得多了就可以慢慢从中发现英语发音的特点。因此，要想学好英语，就一定要多听，尽量把自己放在一个全英语的环境中。

2. 说

在新托福考试中，说占总成绩的四分之一，说得不行，会直接影响最终的成绩。中国学生由于在国内学习的一些习惯，在说上面往往很不理想。我们在这里要鼓励学生们多动嘴，多和周围的人交流。可以跟老师聊天，比如聊社会问题、学习问题、经济问题，等

等。聊的问题越多，我们对各方面词汇掌握得越多。而且通过老师用词的习惯，同学们也可以非常轻松地掌握用词的方法，不需要每天死抱着单词书背来背去。

3. 读

阅读是语言考试的主要部分。通过阅读测试，考官可以检验学生的英语词汇量、理解能力和应用能力。大体来说，中国学生阅读能力相对比较好些。但中国的英语阅读文章往往不够地道，词语的用法、语言的习惯和国外有很多不同。用以往的应试方法来对待国外英语语言测试显然不合适。

为了提高我们的阅读能力，就可以找来一些在国外很通用、很标准的文章来看。比如，BBC新闻。初开始看的时候，我们可能会遇到满篇都是陌生词汇的情况，看起来就很费劲。每天看一定量的文章，坚持一段时间后，我们会发现自己在用词、语法、文章结构等方面都有了提高，再往后看论文也基本不用词典，或者慢慢我们会觉得英语不再是第二语言。

4. 写

英语写作往往是英语测试的最后一部分。新托福考试，就需写两篇文章。中国的英语考试，写作一般重视的是句子的结构、语言的时态。但是，在英语语言测试中，写作着重探查学生英语的应用能力和英语论文结构的设计能力。英语写作是我们在国外留学必须好好掌握的。因为老师时常会布置一些论文题目来让我们完成，到了大学阶段会更多。如果这方面基础没有打好，那么我们的大学日子会很难过。

其实学习写作的方法并不复杂，需要的就是学生能够有耐心去琢磨别人的文章和修改自己的文章。我们应该多看经典的英语文章，它们的文章结构、常用句型要能够记下来，多积累。一开始，我们

写老师布置的作文题目时,会发现在自己的文章上画满了老师的圈圈点点。句子的语法、词语用法、文章的大体结构可能都会存在很大的问题。我们要做的是认真对待老师的批改意见,重新改写,仔细研究老师给的范文,对比自己的文章,掌握经典的句型、论文结构。

通过以上介绍我们可以发现,英语阶段的学习其实并不复杂。一些英语底子薄的同学,也完全有可能在短暂的时间内通过语言测试。语言学习本身可能很枯燥,所以关键问题是,同学们要能够努力地坚持学习。有的人坚持不懈,很快就通过了语言测试,有的人半途而废迟迟过不了语言关。我们应该坚信只要坚持自己的目标与理想,一定能够在最理想的时间内实现梦想。

第三章
中学生出国留学，家长要提前做好各项准备

中学生年龄小，大多不具备完全独立生活的能力，父母只有在孩子出国留学前为他们做好各方面的准备，才会让他们在未来的留学生涯中少走弯路，避免许多无谓的烦恼。

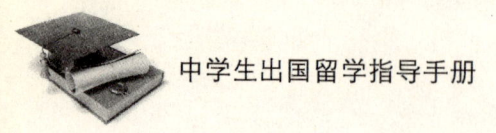

送孩子出国留学，你真的想好了吗

如果要问："你想要你的孩子有好的发展吗？"你肯定会回答："当然。"假如再问："孩子年纪这么小就送出国，离开了家长，他真的可以自己照顾好自己吗？"可能，你就会犹豫了。如果有家人跟着一块去陪读，比如说母亲去陪读，这就意味着留守的父亲长时间见不到自己的妻子和孩子。那么你真的能够忍受这种分隔两地的生活吗？

张先生的儿子去美国读书，妻子跟去做监护。张先生独自一个人生活已有十年，回想过去，悔不当初。刘老伯有两个儿子，在国外事业有成，但家人异地分离足有二十年，刘老伯说："平常在家，最怕的就是生病。"

许多家长对此都不胜郗歔：辛辛苦苦把孩子养大，却因留学而一去这么多年，或者回不到身边。有人就笑称："我宁愿我的儿子没出息，长大了啃老，也愿意他能一直留在我身边。"

话是这么说，但没有父母会不希望自己的孩子有个美好前程的。送孩子去国外读书，是父母为了孩子的未来考虑。但有没有了解孩子的感受。他是否愿意远离亲人？他的性格、学习情况、社交能力以及心理承受能力能不能够适应国外的学习、生活和环境？我们家长考虑过这些条件后认为还可以送孩子出国，那么要注意了，自己能不能确定家里不会因为突发的原因而担负不起孩子的学费。因为出国不是一年两年，中学生出国留学则会更长。你现在可以承担孩

第三章
中学生出国留学，家长要提前做好各项准备

子的学费。但是六年、七年或更长时间呢？

陈先生家里开酒厂，生意很不错，就把孩子送到美国上学了。可是两年后酒厂生意一下子亏了很多，学费无以为继，孩子只好回国。大学没有毕业，文凭当然无从得到，孩子觉得回县城丢人，一直在外打工，至今未婚。

所以送孩子出国，家长要三思而后行。既要为孩子未来着想，同样也要为自己考虑。还有就是，家庭条件能不能支持孩子完成学业。

家长要为孩子做好留学规划

据相关调查显示，中国的家长在对待留学问题时，没有明确的计划，缺乏行动力。对所要留学的国外高中或大学的学制、语言考试制度，以及是否需要完成大学预科这些问题，只有极少数的人表示非常了解，大部分只是了解皮毛，或是完全不懂。就连如何申请学校，也有一部分家长丝毫不懂。

如果询问家长希望孩子日后是走学术研究型的发展道路，还是走技能操作型的发展道路。有不少家长不仅没想好怎么选择，而且，根本不知道还有这么个问题要选择。有的家长则干脆表示，以孩子最终被录取的学校名气为标准。哪所排名靠前，就去哪所大学，很明显，家长进入了一种误区。

因此，有打算让孩子出国留学的家长，一定要为孩子做好留学规划，具体要做好以下方面。

1. 准备要早

想要中学毕业就送孩子去国外留学的家长，一定要尽早培养孩子这方面的优势。比如，小时候就让孩子多接触英语，提高他们的语言能力；许多事情让孩子自己动手，培养独立的精神；多参加社会活动，锻炼社交能力。越早发展这些方面，孩子在到国外留学时，越容易适应。

2. 定位合理

孩子去国外究竟是为什么而去的，要达到什么样的目的？每个人的条件、希望和需求都不同。有的家长认为自己开公司、办工厂，孩子回来了，怎么安排都是一句话的事。有的家长则没什么过硬的关系路子，孩子毕业回来要靠自己。不同的人要选择不同的适合自己的留学道路。所以在选择留学的国家、学校以及专业上，要根据孩子的条件作合理的定位和选择，不是最有名的就是最合适的。

3. 尊重孩子的意愿，选好专业

如果家长希望孩子留学，那么千万别忽略孩子的意愿，因为留学需要几年的时间，读几十门功课。孩子如果不乐意学这个专业，或者根本不愿意出国留学，任凭家长再怎么谆谆教诲，也是难以坚持下去的。最后，既浪费了钱财和精力，又耽误了孩子的学习，影响了孩子的发展，后果是惨痛的。

总之，好的切合实际的规划，才有可能使孩子学有所成，并在社会中立足。所以家长们一定要提前做好留学的规划。

第三章
中学生出国留学，家长要提前做好各项准备

根据孩子的特点确定留学目标

"留学之路"如何走，因着父母不同的期望，会给孩子带来不一样的未来人生。国外的语言、文化、生活等，与国内有着很大的不同，有些孩子能在其中感受到快乐，他们在快乐中会更加勤奋；而对于有些孩子来说，这些也许是极难跨越的障碍，处理不当就可能在孩子的心理上留下很深的阴影，甚至影响将来的生活。

因此，在为孩子设计留学之前，辛苦奔忙的家长们要充分与孩子沟通，了解他们的兴趣、爱好、特长，以及对留学的想法。带领孩子一同咨询专业的留学顾问，分析孩子适合的专业、目前的就业形势和国外的情况，帮助孩子制订切实可行的留学规划，为他们定好合适的目标。

家长们在与孩子探讨出国留学计划的时候，要明确出国留学的目标。出国留学不仅仅为了去国外镀个金，也不是就为拿个"洋文凭"；再或者一定要上某某学校。我们不否认这些在回国之后会有用，但那不是最终目的。家长应该让孩子明白，留学重在接触国外的先进教育、体验国外生活、开阔眼界、拓展思维、磨炼自己、学习自己真正喜欢的东西。留学并不是抱着要得到什么的心态，而是旨在提高自己。父母为孩子设定了正确的目标，可以在他们遇到困难时帮助他们，使他们勇敢前行。

比如到了国外后，孩子发现语言陌生，环境不适应，在许多事情上需要自己面对。这时候孩子要想到，这正是我们来到国外留学

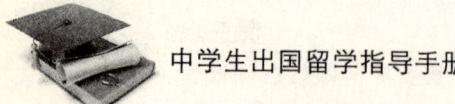

的目的。平时在家依赖父母,现在在国外就需要独自一人来处理,独立生活的能力正是我们要提高自己的方面。此外,孩子可以依照自己的兴趣选择自己的学校,并不是最有名气的就一定是最好的,如果学生或者家长一味地想进入有名气的学校学习,就会给自己增加压力,得不偿失。

家长要选择正确的沟通方式

孩子去国外留学,离家远了,但家长的心却跟他们紧紧相连。父母对孩子的爱就像放风筝,不管孩子飞多远,线的这头总牵连着父母的心。然而,放风筝是个技术活,线拉得紧风筝会掉,线拉得松风筝就会飞,所以家长要学会收放自如。尤其是在与孩子沟通方面,家长一定要把握好尺度和分寸,选择正确的沟通方式。

1. "启发"而不是"主导"

孩子喜欢什么不喜欢什么,选择什么不选择什么,大多都会询问家长的意见。但是如果家长真的强制孩子选择了什么,孩子可能就会不愿意听,甚至与父母意见背道而驰。

"妈妈,你觉得我这篇文稿从这个角度来写会吸引人吗?""妈妈,看了我昨天写的稿件,你觉得哪里需要修改啊?"这是经常出现在周女士和她女儿小李网聊中的对话。小李原本在国内一所名牌大学上大一,现在在加拿大留学,并出版了自己的散文集。周女士起先通过在外国的亲戚和朋友了解到国外教育重实践,所以尽管女儿

第三章
中学生出国留学，家长要提前做好各项准备

考入了国内知名学府，她还是鼓励学理科的女儿出国留学，以便孩子以后的路会宽一些。在女儿准备出国前，她建议平时爱看书、爱写作的女儿整理好多年的日记和散文，并帮孩子出版了散文集。

周女士在帮助孩子选择上就值得我们借鉴。她不是一味强迫孩子去如何做，而是在彼此商量的基础上作决定。她只是起到"启发"和"激发"的作用，而不是"意见的主导"，既调动了孩子的主动性、积极性，也不会让孩子产生逆反心理。

2. 学会用现代通信方式适时沟通

孩子出国后，在外会感到孤独，有时候一些事情也不想让父母知道。父母在家也会觉得"空荡荡"。家长可利用 MSN、QQ、微博、博客等孩子比较喜欢的方式和他们沟通，而不只是通电话。这样可以了解他们在海外的生活，以适当排解他们的忧虑。而且家长也可经常充当听众，让孩子介绍当地人的生活情况及风俗习惯，使孩子有话可说。通过这样的交流，拉近与孩子的心理距离，并及时了解他们的真实情况。

小丁初到国外的时候很不适应，又没有可交心的人，觉得特别苦闷。由于性格原因，不善于表达自己的感情。后来预科没过，没有拿到大学录取通知书，他不敢告诉家人，一直躲着他们。家人想尽办法也联系不上他。签证即将到期，他悄悄回国自己办理续签手续，结果被拒签。后来，他去某留学中心请教签证的问题，留学顾问才联系到他，留学顾问向小丁了解了一些情况之后，联系到了小丁的家长，并告诉他们，小丁之所以会这样，就是因为家里与孩子缺少沟通，原本孩子就不适应国外的生活，家长又没能及时与孩子沟通交流，最终才导致孩子出现这些问题。

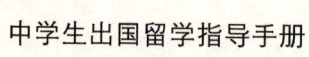

孩子在国外，家长一定要通过合适的方式，适时与孩子沟通。

3. 避免过度关心

有位母亲因与留学美国的女儿失去联系两周，于是打电话通过中方领事馆求助美国当地一家警察局帮忙寻找。警方按照提供的地址找到该留学生住处，发现此人并未失踪，而且身体状况良好，之所以"失踪"是因为不想和家里联系。

上述现象时有发生，孩子的不成熟虽然是主要原因，但家长也要学会适度沟通，有收有放。过于关心可能适得其反，让孩子产生逆反心理。在沟通过程中，家长要寻找共同语言，与孩子平等交流。此外，留学生家长可经常互相联系，有事情大家想办法，以寻找最佳解决途径。

4. 跟孩子做好朋友，耐心沟通

郭女士的女儿小许去澳大利亚上高中，初到国外时也曾与寄宿家庭的"爸妈"有不合拍的地方。由于当地缺水，寄宿家庭的"爸妈"对她提出了很多要求，限制她的冲凉时间、漱口时间，洗澡、洗头不得超过七分钟，刷牙、洗脸不得超过三分钟。这两项"制度"还被贴在洗手间的墙上，甚至还要求早早熄灯休息。小许对此感到很不适应，经常跟妈妈抱怨，希望可以换一个家庭。

郭女士了解情况后，她引导女儿去理解别人。她告诉女儿："即使换了寄宿家庭，也可能会碰到新的问题。不如把寄宿家庭的这个'制度'作为提高自己的办事效率、为当地节约用水做贡献的一个动力。"小许听了以后，尝试去理解寄宿家庭的"爸妈"，后来双方都相处得很融洽。高中两年，小许没换过寄宿家庭，在最困难的时候，还得到过"爸妈"的帮忙。

在女儿留学期间郭女士常用QQ与女儿联系，她说："跟女儿交

第三章
中学生出国留学，家长要提前做好各项准备

流时，我总是以'她的一个好朋友'的身份来定位自己，耐心地听她诉说，主动学习与她生活圈有关的新东西，还要尊重她的想法。"

小许能够很好地适应国外的环境，跟妈妈通过"有技巧"的沟通工作来稳定"军心"有很大的关系。耐心地沟通，有技巧地引导，把自己定位为"孩子的好朋友"，这些都是很好的沟通技巧。孩子在海外遇到的问题有些也许是家长根本预料不到的，所以先要耐心听孩子倾诉，然后与其一同解决。这样可以让孩子感到有股温暖的力量一直在支持和鼓励他，这对他们在海外成长非常有利。

留学专家指出，与留学的孩子沟通有四个技巧：

（1）家长对孩子的留学国度要有基本的了解，以免将来和孩子对话时让孩子觉得"牛头不对马嘴"。这会让他们认为父母什么都不懂，一点都不了解他们的处境，进而不愿意听父母的意见，逐渐丧失沟通的兴趣或者感到自己在海外"孤军奋战"。

（2）家长需要阅读一些心理学和教育学的书，从中学会安抚孩子心灵和与孩子沟通的技巧。

（3）家长要善于使用现代孩子们喜欢的通信方式来彼此交流，还可以跟别的留学生家长交流与孩子沟通的心得。

（4）出国前和孩子"约法三章"。比如，约定联系的方式和时间；约定消费的额度，并将账单扫描发给父母审核；约定孩子要将成绩报告交给父母审核。若孩子违约，家长就以缩减孩子的生活资助来约束他们的行为。

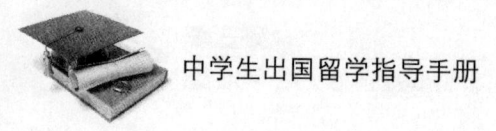

用心和孩子进行交流

"女儿要回国了,我欢天喜地,帮她打扫、整理房间。衣柜太满,我就自作主张将她几年都没穿过的两件衣服送了人。结果,在她到家的第一天,就为这件事和我大吵了一通。"高女士很不理解,自己的举动为何引起女儿这么大的情绪反应?更让她纳闷的是女儿在家的这些日子,自己任何一次单独外出甚至接一个客户的电话,都会招来女儿的不满。后来经过努力,女儿终于打开心扉:"我大老远地飞回来,爸爸妈妈却忙着应酬自己的生意。他们根本不知道我在国外有多么孤单。"

从上面这个例子我们可以看出:一方面,父母与女儿缺乏必要的沟通,父母没有给孤身在外的女儿过多的亲情抚慰;另一方面,女儿也没有为父母考虑,没有去理解父母工作的艰辛与疲惫,只看到父母的忙碌,没有看到父母对她的好。

随着出国留学的低龄化,留学生的心理问题也日益凸显。许多人生观、价值观尚未定型的孩子,在面对人生成长中的考验时,缺乏独自处理的能力,加之身处异乡得不到家人的帮助,更容易陷入孤独和迷茫。这时候,父母正确的心理陪伴显得尤为重要。但往往我们的父母却忽略了这方面的问题,而仅仅把保证孩子的物质基础放在了最优先的位置,殊不知孩子最需要的是与父母之间心与心的交流。

所以,对于留学海外的孩子,父母不仅要为他们提供物质基础,

第三章
中学生出国留学，家长要提前做好各项准备

还应该做好心理陪伴。

1. 关注孩子的"心"

多数时候，我们的父母只注重关心孩子物质层面上的需求，而忽略精神需求。比如，孩子相隔好久打来一个电话，父母的问候往往是"钱够用吗"——这样问固然没错，但是不是可以再加问一句：心情还好吗？

一个心智尚未成熟的孩子，突然进入完全陌生的环境，离家遥远，很多困难都需要独自承担，而父母又不可能再像以前一样照顾他，他会很没有安全感。在陌生的人群中建立新的人际关系，对于出国留学生来说，并不是件容易的事。

此外，生活习惯的差异、学习方式的转变等，都会给出国留学生们造成不同程度的心理压力。而有的家长在孩子出国前，甚至会要求孩子一定要达到什么目标，比如，取得什么学位。这都是把自己的期望强加在孩子身上的表现，而孩子内心在想什么，要的是什么，大多数父母并不知晓，也不关注。因此，家长如果真的爱孩子，为孩子好，就要关注孩子的内心世界，知道他的所思所想，多交流，多关爱，引导好孩子。

2. 用"心"和孩子交流

有的孩子满怀欣喜地给家里打电话时，父母总是忙着工作，而没时间接听。久而久之，他们就不再愿意跟父母交流，还会觉得父母更关心工作，从而产生隔阂。有的家长就不一样，他们会耐心地倾听孩子的问题，帮助他们。

小何每次从国外打电话给妈妈，总怕打扰她。好不容易打个电话，妈妈又会时不时抱歉地说："妈妈那边的电话响了，我先去接一下，过会再打给你。"慢慢地，她就不再想跟家里人交流了。

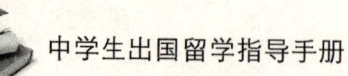

留学美国的小张就很喜欢跟自己的妈妈交流。刚到国外时他有很重的厌学情绪，就给家里发了一封邮件。妈妈尽管当时工作非常忙碌，但还是回了一封信，和他约定视频聊天的时间。后来聊天时，妈妈告诉他，厌学情绪每个学生都会遇到，并不是他独有，如果真的不想学习，不妨先放下课本，找点自己感兴趣的事情来做，将注意力从枯燥的学习中暂时转移出来。小张听了妈妈的话，心情好了很多，渐渐克服了自己的厌学情绪。

孩子都有颗敏感的心，很容易就捕捉到父母是否在用心跟他们交流。而家长有时候会忽视这些，孩子也许就会自动切断和父母的沟通渠道。

3. 做孩子的首要求助对象

有的孩子，在出了问题时，如果自己不能解决，他宁可多拖一段时间，也从来不会第一时间告诉父母。父母和孩子一定是沟通上出了问题才会导致这一现象。所以有的时候，孩子在国外遇到的心理困扰，很可能就是家长与孩子的沟通方法不当造成的。

当孩子出现心理问题，家长再去改良沟通模式，可能为时已晚。相反，孩子成长过程中，如果父母一直抱着宽容的态度，和孩子建立良好的沟通——而不是以自身的评判标准来判断——就会取得事半功倍的效果。孩子在国外留学时，这种良好的家庭沟通基础可以使他放下顾虑，愿意向父母寻求帮助。

第三章
中学生出国留学，家长要提前做好各项准备

家长要做好最充分的资金准备

留学国外，我们最难避免的一个问题就是高额的花费。学费、生活费以及日常活动都需要花钱。对于中学生而言，最主要的还是父母的资助，因此，在孩子出国前，家长一定要做好充分的资金准备。

首先在申请留学签证时，使馆一般会要求申请人提供银行存款证明，而存款证明的金额最少是学费和平均生活费的总和。根据不同的留学国家，存款的金额以及存款的年限又各不相同。家长在确定留学国家时，一定要去详细查询相应国家的要求。除了担保金以及储存的年限足够，你还要证明这些担保金是通过合法的渠道获得的，否则依然会在签证时被拒。这就要求家长要提前选好国家以及学校，按要求来存款，并做好存款证明。

对于有些临时制订留学计划的学生和家长而言，可能一时准备不到符合要求的存款证明，有两种方法可以补救。第一，是家长可以将家中以前所有的存款证明都放在一起，结合银行的转账单分别证明家庭的资产状况。多张存单加起来的存款量就能符合存款证明的资金量要求，这种分别证明的形式一般也会奏效。第二，是对于很多私营业主而言，可通过出具企业分红证明的形式，证明学生家庭的资产情况，只要达到了该项资金"税后且是正规收入来源"的要求，即便存款时间不够，也可获得使馆信任。

当孩子出国留学生活费、学费不足时，您可向银行申请贷款。

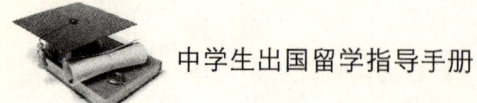
中学生出国留学指导手册

这些年存款证明弄虚作假的情况时有发生，导致很多国家的签证官认为，贷款证明比存款证明更可靠。他们觉得银行肯发放贷款，在很大程度上能够证明申请人拥有一定的资产，具有较强的还款能力。留学贷款，可用房产、存单等进行抵押，贷款金额一般不超过借款人在境外就读期间全部花费的80%，也可根据借款人实际情况，调整至全部费用的90%，具体贷款金额、比例、期限，要根据借款人具体花费和担保情况来确定。

家长还需注意，学生到国外入境时，不能携带大量现金。最好给孩子办理国际信用卡或是采用汇票的方式来供应资金。家长在资金方面准备得越充分，越容易给孩子在国外学习提供良好的条件，使孩子不至于有后顾之忧。

准备申请材料

申请出国的学生在确定好留学的国家、学校及专业之后，就可以着手准备学校的申请材料。申请材料对于学生来说主要包括学历状况和个人综合能力。

1. 学历状况分为最高学历证明和在校成绩

学生可提供在国内获得的最高学历毕业证明，如初中毕业证、高中毕业证、大专毕业证、本科毕业证及学士学位证。如果申请学生还在最高学历学习中，可由国内就读学校使用加盖学校公章的学校函头纸开具正式在读证明文件，并证明何时可获得毕业证书。除了学历证书，国外的院校还需要申请人提供本人在国内最高学历期

间的全部课程成绩,最好能把成绩在学校年级的排名也标明。

2. 个人综合能力

个人的综合能力,需要考察学生的语言能力,以及学生在社会活动、学习特长等方面的能力。一般英语授课的国家,都承认学生的雅思、托福成绩,非英语授课的国家则需要学生出据500~800课时的该国语言学习证明或出国前学习至少一年的该国语言。国外学校都会查看学生的推荐信。这些推荐信是由学生的老师写成,主要是老师对学生在这一科目上兴趣、具体表现的评价。此外学生还可提供自己获得的学术证书和参加社会活动的证明。

切记,所有资料都不能掺假,否则留学的计划就会搁浅。

第四章
中学生自己的相关准备事项

出国留学，除了父母，中学生自己也必须做好相应的准备。不只是学习成绩，个人各方面都要全面发展，诸如语言能力、自我生活能力、心理承受能力等都需要提高。

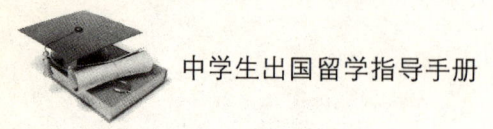

要有独立生活的能力

出国留学，孩子独自一人到异国他乡读书，父母不在身边，衣食住行和与人相处等许多日常问题都需要自己来处理。有独立生活经验的孩子相对比较容易适应，而那些在家什么都依赖父母的孩子则会过得很困难。因此，家长在日常生活中就要有意识地培养孩子独立的能力，孩子自己的事情要他自己来做，家长不要全权代理。去国外留学，也是一个培养孩子独立生活能力的契机。送孩子出国，不只是为了学习知识，也是为了培养孩子全方位的能力。另外，孩子自己也要做好吃苦的准备。当然，周围的环境会迫使他们学会自己照顾自己、自己解决问题，从而逐渐拥有独自生活的能力，培养独立性。同时，面对现实世界的诸多诱惑，在没有父母监督的情况下，如何自我控制也是一个很关键的能力。

周女士的女儿小张，在国内上学时特别依赖父母，日常生活中的一些小事也全是由父母来帮忙，完全就是过着衣来伸手饭来张口的生活。但在留学前，周女士给女儿制订了一套独立生活的锻炼计划，并狠下心来强行实施，终于在小张出国留学后发挥了作用。小张自己学会了买菜做饭、洗衣涮碗等，日常生活不再是困扰，独立生活的能力也保障了小张在国外学习的顺利进行。

父母想要孩子在国外生活得舒心、学习得安心，就必须懂得放手，不要一味呵护孩子，要在孩子出国前使他们尽快独立。

第四章
中学生自己的相关准备事项

培养良好的心理素质

孩子走出国门是要去获得新的启发和教育。这是一种个人的提高，身体健康和自身心理素质非常重要。心理健康是孩子走出国门并且自信地生活的重要条件。因为中国学生大多英语不好，到了国外后，心理素质较弱的学生便不敢跟外国同学交流，这样一来，容易自我封闭，学习也不会进步，孩子便会失去学习的信心。而心理素质好的学生，他们敢于开口，不管对错，说多了英语水平自然会提高，而且多说话能交上很多朋友，很快便能融入周围的环境。

那么家长在孩子出国留学前该如何提高他们的心理素质呢？大概可以从以下三个方面入手。

（1）多跟孩子交流他们喜欢的话题，并鼓励他们结交同龄朋友。

（2）有时间带他们去外面游玩，多接触外界的各类事物，开阔他们的眼界，锻炼他们的社交能力。

（3）发现孩子的"闪光点"，多给予鼓励，增强他们的自信心。

学好英语是基本要求

学生在国内上学时，如果有了什么问题可以向老师请教、向同

学请教，生活中的问题可以问自己的长辈。可是到了国外，再有这些问题，是不是也能向老师、同学表达清楚，并向他们求助？另外，我们买东西、问路是不是能说得明白？所以，出国留学语言是基础。

我们现在留学的主要目的国都是英语授课，这些国家大都需要申请的学生有较好的语言考试成绩，比如，雅思、托福。如果没有语言成绩，学生就需要到国外后再进行语言的课程培训，这样就会耽误正常的学习。学好英语不但可以使学生在申请时有好的语言成绩，有利于申请的成功，同样也便于学生到国外后更快地适应生活。

在进行雅思、托福考试的学习之前，学生最好先进行基础性的学习，在词汇、语法等方面打好扎实的基础，做好准备，再进行针对性学习。比如，可以通过对《新概念第三册》的精选课文的学习，实现良好的基础锻炼。《新概念英语》每篇文章都附有带音标的词汇注释表、课文注释、同步的练习讲解和课文的参考译文，学习体系十分完善，把英语中的听、说、读、写四个板块很好地融合在了一起。

而在口语上，学生要多用英语交流，敢于说出口，不要怕错，尤其是尽量和英语系国家的人进行对话。听力，则可以平常多收听一些英语的广播、新闻，比如BBC。

学生只有在平时多学习、多练习，英语水平才会提高，才会更利于适应国外的生活。

具备一定的心理成熟度

大多数家长对孩子"性格"的评判，更多的会偏向于综合心理

第四章
中学生自己的相关准备事项

品质方面，包括个人的价值观、自我觉察能力、分析决策能力、内心开放度、人际交往和环境适应能力等。其实，家长要考察得更细致一些，要去判断孩子的心理成熟度。相比于综合心理品质这把标尺，心理成熟度就是其上的刻度。一般而言，心理成熟度是由人的年龄、学识、阅历等综合因素决定的。

家长可以通过留意孩子在日常生活中的表现来判断孩子的心理成熟度。比如，孩子在做出选择之前有没有进行基本的分析判断，孩子遇到陌生事物或者突发状况能否做到基本的自我把控。

我们都知道，心理成熟度低的孩子有些懵懂，他可能对自己的留学目标和规划不够明确，如此就很难安排、管理好自己的学业和生活；即便有目标和计划，他们也有可能受外界的影响而作出改变，遇"好"则变"好"，遇"坏"则变"坏"。心理成熟度低的孩子在遇到突发状况时可能会不知所措，既不知该如何向当地人求助，而父母又鞭长莫及，他们就会感到无助和忧虑，甚至有可能被不良的影响操控，致使误入歧途。心理成熟度尚不够的孩子，应该先在国内多加锻炼。

一般来说，自信坚强，心理成熟度高的孩子往往能更快地适应留学生活。国外的环境大都要求学生敢于去做，敢于去说，孩子如果是个很健谈的人，就很可能较快地融入周围的生活，反之，孩子如果有点闷，就有可能极不适应。

小乔是个开朗的女孩，在加拿大一所中学读书。本来她的雅思综合成绩并不是很好，但是她敢说敢问，与人交流时非常自信，言谈举止表现得非常成熟，结果破格读了语言直升班，而无需再考雅思。同样，15岁就去美国上高中的小张，因为年龄小，起初他也对远离父母感到很不适应，但是他觉得自己已经长大了、成熟了，他坚信自己明天会表现得更好。就这样，他通过自己的努力，逐渐拥

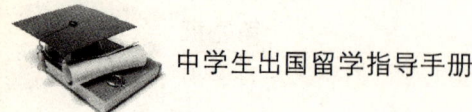

有了很多当地的好朋友，学习成绩也很优秀。

所以，家长在评判孩子的性格时，一定不要漏掉对他们心理成熟度的考察。

提前做好专业规划

在国内上学的中学生可能对于专业的选择还都没有概念，觉得还早，到了大学才开始关注。但国外不一样，国外中学时就要学生自己选课。

如果一门课想学的人多，安排的名额少，你没被安排上，就只能下学期学，或上其他学校学习。千万别小看中学的选课，它直接影响着大学的录取。

小余在高中时就去了加拿大，除了必修课，选修课还有物理、化学和生物等。十一年级时他选了物理和化学。但是物理课学校安排的名额少，他只好在假期去别的学校学。十二年级时，他又没有报上，当时总学分够了，就没在意。后来，他报大学时，报的是约克大学的计算机专业和多伦多大学的经济学。结果后一所录取而前一所没有录取。小余感到很奇怪，为什么分数没问题，多伦多大学录取了，而约克大学没录取？原来计算机专业是理科，要十二年级的英文、数学、物理、化学四门成绩，他没有物理成绩，所以不能被录取。好在他的文科成绩还齐，从而被多伦多大学录取。

所以，你要上什么大学，学什么专业，一定要先考虑好，不要

第四章
中学生自己的相关准备事项

到了国外一头雾水，迷惘无措。

同时，国外的中学生知识涉猎广泛，国内的中学生要想出国留学，最好多多丰富自己的知识，做好相关的学术准备。只有这样，到了国外后才不会除了国内书本上的知识以外一无所知。

多参加课外活动

我们中国的孩子多数都只顾闷头学习，他们关注的是自己的成绩，而对课外活动却并不在意。一些孩子从来不参与社会活动，甚至学校举办的一些项目他们也丝毫不知。在这样的环境下成长起来的孩子，通常都是学习好、做题快，处理事情或是人际交往上却摸不着头绪。

与国内学校截然相反，国外的学校则很重视学生课堂以外的表现，这些内容常常通过课外活动来体现。而且，这也是国外学校考核申请学生的关注点。那么究竟什么样的活动才是国外的学校所青睐的呢？参加什么样的课外活动会对录取起到积极作用呢？这些问题不要到报考时才去注意，我们平时也要多加关注。

如果一个学生在重大的社会活动中扮演过重要角色，这肯定是一份好材料，它对学生申请学校很有帮助。比如，学生参加了全球青年领袖峰会，并在会中被同学们选为大会主席。

同样，还要明确一点，那就是，并不是说参加的活动不够巨大，或是没有扮演过重要角色就会使学生黯淡无光。学校招生官员看重的不是活动重不重要，而是学生在这个活动中究竟扮演了什么样的

角色。活动对学生来说只是个施展才华的平台，学生是不是热爱这次活动，有没有努力付出，从开头到结束学生做了些什么，这些才是招生官员想要考察学生的东西。也就是说，即使没有那些辉煌的经历也无妨，只要学生参加了一些活动，且这些活动足可以体现学生热爱生活，热爱活动，愿为社会做贡献，这才是重要的。

　　学生要注意一定不要给考官留下一个除了学习什么都不关心的"书呆子"印象，参加的活动不一定轰轰烈烈，但必须是扎扎实实的。有很多被国内的家长老师认为不大务正业的事情，却可能被国外学校的招生官大加赏识。最后需要指出一点，学生不要因为这部分内容是重要的录取因素就任意夸大，这样往往会收到相反的效果。它是不可缺少的因素，但不是决定性的因素。我们要多参加社会活动，但不要弄虚作假。

第五章
家长在孩子出国准备中存在的误区

在送中学生出国留学的问题上,很多家长都没有经验,因此,常常会在一些准备工作中出现各种误区,例如海投简历,片面追求孩子成绩,一心想要上名校,等等。

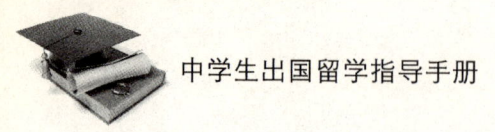

漫无目的地海投申请

现在很多中国学生在申请国外学校时采取的是海投策略，向许多学校投出申请，砸中哪个算哪个。这些申请中的学校家长和学生可能有了解的，但有的却连基本了解都达不到。这样做是有失妥当的，因为学生可能要在这所学校里学习2~3年的时间，如果对学校不够了解，到校后发现并不是自己理想的学校，这样对学生学习可能就会产生很大影响。如果转校，则又要浪费不少时间和金钱。

同时，学校在录取学生的时候也会比较在意学生对该校的了解情况，为什么要申请这所学校。学生的申请材料中，也要对学校的一些要求做相应的回答。如果海量申请，却只用一份材料，很可能对有些学校就不适合。有条件的学生和家长最好能够亲赴留学国家去学校实地参观，这样不仅对学校有深入的了解，同时也能让学校对学生有一个深刻的印象，然后对自己比较中意、条件又适合的学校做出相应的材料，提交申请。但是学校不要过多，像有的申请了10~40所，光申请费用就是一笔不小的浪费。

因此，在投递申请的时候要详细了解学校想要怎样的学生，如何表现自身的优势和亮点。总之，申请材料符合所选学校的要求才最好，而不要去海量地投递申请。

第五章
家长在孩子出国准备中存在的误区

片面追求孩子的成绩

国内的学校在录取学生的时候，会根据学生的考试成绩来对待，成绩越好的就越容易进入重点学校。家长和学生就会认为，在申请国外学校的时候成绩好就也能得到录取通知书。其实这是很多中国学生和家长存在的误区。成绩好当然很重要，但国外的学校也非常注重学生的综合素质。

例如，美国高中就更青睐独立、自信、有自我身份荣誉感、积极参与学校各种活动的学生，当然，他们更欢迎具有创造性的学生。美国的森林湖中学根据该校的四大教育理念——个性、学识、责任、合格公民，就要求所有学生都要参加艺术课程、课后体育项目和社区服务项目。美国的高校甚至会关注学生在选择自己的课程、专业上是依据自己的兴趣、爱好，还是父母的决定。他们十分看重学生自己强烈的求知愿望，以及愿意努力探索、乐于与他人分享自己学到的知识的品格。在同等条件下，综合素质高的学生胜出的可能性更大。这就要求家长们不要只追求孩子有个高的分数，而同样要培养他们的社交能力。

事实上，近年来随着中国学生申请美国留学人数的剧增，申请学生的素质也不断提高，他们中的很多人不仅学术成绩优异，在社团活动或者特长等方面的表现也很突出。

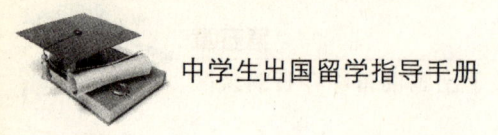

忽视了留学面试的重要性

很多学生都误以为面试其实就是考察学生的英语能力,并不重要。其实面试在招生录取环节是相当重要的。因为现在很多中国学生的申请材料都由别人代做,并不能反映学生的真实水平。因此,国外学校十分重视面试,通过面试从语言、性格、素质等各方面全面了解学生。

比如,美国大部分高中都会对学生进行面试。在面试时,学校会对学生的英语能力作出评价。因此,达到学校要求而被录取的学生,到美国后口语上一般不会有大困难,过一段时间就会适应。但是,书面英语方面,还是要十分用功才能获得好成绩。

因此,无论是学生还是家长,都必须重视留学面试,一定要做好相关的准备,以保证学生被学校顺利录取。

面试一般分为电话或视频面试和指定地点的现场面试两种。前者的时间一般在10～15分钟,由于是国外来的电话或视频,有可能信号不是很好,面试者需要有很好的听力,不过一般情况都不错,而且面试官会放慢说话速度。指定地点的现场面试,大多是在北京、上海等大城市,面试官会提前跟你邮件联系约好时间地点。这种面试好处在于面试官能更好地了解学生,加大录取率,时间会在30～40分钟。

所以学生和家长不但不应忽略面试,反而要重视,因为好的面试可以给面试官留下深刻印象,增加录取机会。那么,要在面试时有上佳的表现，我们应该做到以下几点：

1. 准备面试大纲

一个简短、精练的面试大纲能帮助申请者在回答问题时快速回忆自己准备的材料和合理组织语言。

2. 事先深入了解所申请学校的情况

申请者在面试前要对申请的学校做一个全面细致的了解，比如可以通过学校的网站了解学校的地理位置、开设课程、师资设施等。通过了解这些可以使面试者在进行面试的过程中与面试官进行互动性的谈话，可以有计划地提出自己对学校的一些疑问，也可以结合自身条件谈论为何选择对方学校，而不至于只是生硬的你问我答。面试官会对学生事先做的准备，以及对学校所表现出的多方面关注印象深刻。

3. 明确自身优势

在面试的短短时间内要让面试官相中你这块"金子"，就需要将递交的材料中你取得的成绩以及参加的实践活动整理成最精练的语言。也许我们在这些活动方面表现不是太优秀，但要让对方感觉到有这方面的潜力。表达不要太夸张，但也没有必要谦虚。由于面试官可能并不完全了解你的情况，所以临场发挥的水平和面试官对你的印象甚至可以直接决定面试的成绩。

4. 充分的自信和流利的表达，面试礼仪也不可忽视

充分的自信会让你的回答显得尤其流利，衣着、坐姿、表情、精神、说话的语调和肢体语言的运用等都会影响面试官对你的主观印象，尤其当越来越多的学校开始采用视频面试时。对于我们没有听清的问题，要有礼貌地要求面试官重述，不要急于回答和打断。由于海外院校面试时使用的是学生不熟悉的外语，学生的口音或语

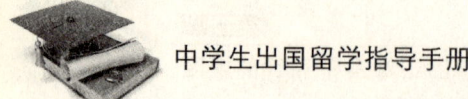

言表达能力可能不太标准,但切记不要一直道歉,而要将注意力放在如何清楚、明确地表达自己的想法上。说话的语速要均匀,保持自己最习惯的速度就好,不必非要与面试官一致。说话不可轻声细语,听不清学生的答案,对面试官来说是非常大的困扰。

想尽办法让孩子上名校

大部分让孩子出国的家长都是抱着留学就是要去名校的想法。去国外上大学,希望孩子能进世界顶尖的学校,像哈佛大学、牛津大学;去国外读高中,就希望孩子去的学校是那种升入名牌高校特容易的中学。家长有这样的想法,就会过分地包装孩子,其实这样做很不利。国外的学校希望看到真实的学生,而经过包装的学生很难真实。

国外的学校重综合素质,希望考查学生在参与活动的时候是否发自内心地做了些事,学生通过参与这些活动体验到了什么,参加这些活动有什么收获。所以学生不要为了名校就胡乱编造。

还有家长选学校认为排名在前的一定就好过靠后的,其实不然,国外的学校排名是综合实力。而对于有些专业,一些并不太有名的学校可能会名列前茅。家长在选择学校时,一定要结合孩子的条件,不要一味认准名校。有很多实例都表明,名校压力很大,大多数学生都有厌学情绪,甚至心理压力还导致了一些健康问题。

在美国一所非常出名的私立学校留学的林同学,第一个学期结束之后,他的体重增加了六公斤。他说,学生压力大,很多都会因

第五章
家长在孩子出国准备中存在的误区

此而进食过多，导致增重。这叫新生肥胖症，很多名校的新生都会这样。他说，第一学期期末考试，50多人平均分30分，满分是100分，有许多人感觉崩溃，都纷纷选择了退学。

所以家长不要为了孩子进名校想尽办法，而是要帮助孩子选择适合他们成长的学校。

孩子还小，不用太重视国内语言学习

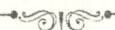

现在有的家长在对孩子的语言学习上不够重视，再加上国外学校如今可以不要托福、雅思成绩，只需去国外后再进行语言科目的学习。而一些中介机构也片面地宣传在国外的语言环境会更利于学生学习语言。这使得家长觉得孩子还小，去了国外学习也完全来得及，可能学得还更快。其实，这是家长们的误区。语言学习是个长久的事情，孩子在小时候基础打得越好，将来掌握得越容易。

小董的父母生意做得很大，但自身文化底子薄，所以他们就非常希望儿子能成为一个有文化的人，最好能学好英语，走遍天下。在小董初中的时候，他们就把孩子送到澳大利亚留学。但是，在这之前，他们并没有在孩子学习英语方面做过任何努力，他们觉得孩子还小，只要孩子出国，身在那个环境中，就可以快速提高英语，无需在国内学习。小董在澳大利亚留学七年，回来之后，家里很高兴地为儿子办了个聚会。董先生邀请一位在外国语学院任教的刘老师来参加聚会，还希望朋友刘老师能检验一下小董这个留学生的英

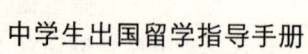

语水平。聚会上，刘老师用英语和小董交流。最初的寒暄过后，谈话进行不下去了，因为小董根本无法流利地用英语表达在澳大利亚的生活和学习，其英语的发音也不标准。最后，刘老师得出的结论是，他的英语水平恐怕只及一个普通的初中学生。家长的百般追问下，小董才如同挤牙膏般地道出原委：原来在澳大利亚，他上课根本听不懂，又生活在华人聚居的地方，平常都用汉语交流，英语水平根本没提高，所以学业也没有长进。

其实，小董只是众多留学生的一个缩影。现在，即便是一些在国内通过了语言考试的学生，也只是做到了能看懂题目。另外，一些对语言水平要求更高的专业，比如文科，留学生就很少。所以，有能力的孩子尽量在国内就学好语言，这样出国也很方便，而能力差些的，也要打下好的基础。在国内学习，家长可以监督孩子，到了国外他们没人监督，大都喜欢留学生扎堆，对学习语言更是不利。

混淆留学考试和语言学习

在出国留学上，有一些家长认为，只要有了语言成绩就可以达到国外学校的要求。比如，去欧洲留学一般需要雅思成绩，而去北美，像美国、加拿大则是考托福。家长们把语言学习当成了留学考试，只要语言过关了，就过了留学考试关。其实，国外的学校还需要学生参加必要的留学考试。例如，去美国或加拿大读高中，会要求学生具备 SSAT（Secondary School Admission Test）成绩，也就是美国中学入学考试成绩。SSAT 考试共分为四个部分：词汇、阅

第五章
家长在孩子出国准备中存在的误区

读、数学和写作。前三个部分为计分项目，写作部分虽然不计分但是会在寄送官方成绩给留学学校时以复印件的形式一并送达，所以也需要重视。这个考试主要测试学生的数学、英文程度及阅读理解力，考察考生的逻辑思维和发展潜力。有低阶（5至7年级的考生）1320至2130分和高阶（8至11年级的考生）1500至2400分，两种考卷。

美国的大学需要学生的SAT（Scholastic Assessment Test）成绩，即学术能力评估测试。SAT又包括SAT1（推理测试）和SAT2（科目测试），SAT2根据学校要求的不同参加的科目也不同，SAT1是美国名校关注的一个学生成绩，也是他们考查学生奖学金申请的重要参考。

研究生留学美国则需要参加GRE（Graduate Record Examination，美国研究生入学考试），而法律专业和商业专业的学生分别需要另外参加LSAT（Law School Admission Test，法学院入学考试）和GMAT（Graduate Management Admission Test，经企管理研究生入学考试）。

虽然现在国外对成绩要求宽，注重学生的全面能力，但是有个好的成绩，学生更容易受到重点学校的青睐。

第六章
中外合作学校,中学生出国留学的重要途径

　　在中国,各种国际学校、国际班、国外语言学校等中外合作学校犹如雨后春笋,出现在中学生及家长面前。通过这些学校,中学生们可以更加安全便捷地踏上留学之路。

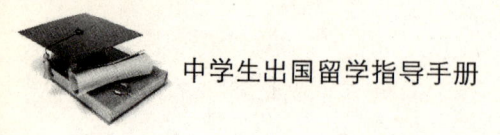

中学生出国留学指导手册

国际学校

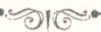

国际学校主要是为外国侨民提供其母语教育的学校，完全按照侨民母国的教育制度设计教学。国际学校一般都是聘请专业外籍教师进行教学的，学生也不参加中国高考，而是可以选择母国或一些其他国家的高考，因此可以更容易地进入西方国家的著名大学。

北京乐成国际学校

学校简介

北京乐成国际学校是北京最大、设施条件最齐全的国际学校之一。学校以招收外国学生为主，兼收部分有国际基础教育需求的国内学生。学校占地面积达到 51000 平方米，校内设施包括非常现代化的游泳池、室内体育馆、健身房、塑胶跑道、科学实验室、计算机房、图书馆、设计教室、戏剧教室、设施非常先进的剧院等。

学校每年会有三期课外活动，每期都有十几种不同的活动供不同年龄的学生选择，包括摄影、绘画、街舞、辩论、英文写作、环境保护小组、跆拳道、泰拳等。学校还有排球队、篮球队、足球队、游泳队等校队，让学生在课余时间锻炼身体的同时，还可以为学校争光。学校会定期举办学生音乐会，排演话剧及音乐剧，为有特长的学生提供一个展示自己的舞台。

学校优势

(1) 全电脑化学习环境，中学部学生全部配备苹果电脑或其他

品牌的笔记本电脑。

（2）学校为高中优秀学生提供全额奖学金，减轻学生经济负担。

课程设置

在课程设置上，该校初中为6～10年级，采用初中课程（MYP）；高中为11～12年级，采用高中课程（DP）。该校不仅开设中文、英文、数学、地理、生物、历史、物理、化学、美术、音乐、计算机等课程，还开设戏剧课、设计课以及知识理论等课程，让学生可以在众多课程中发现自己的特长及喜好。

该校采用小班教学，每班最多15人。对于英文课、中文课和数学课等科目，学校因学生的程度会分成若干个小班按不同进度、不同大纲上课，以保证所有学生都能找到适合自己的学习环境。

所需费用

初中学费每年12万左右，到高中时学校会为优秀的学生提供奖学金，参加考试后成绩优秀的学生即可获得全额奖学金。

入学要求

入学要求较低，通过学校考试和面试即可，但是有名额限制，最好提前申请。

毕业去向

主要培养有志于前往西欧、北美地区留学的学生。大部分学生以升入美国高校为主要目标，同时学生也可以申请其他国家的大学。

北京爱迪国际学校

学校简介

北京爱迪国际学校，由澳大利亚教育发展集团投资创办，它经

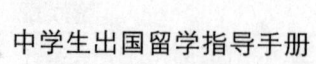

教育部备案、北京市教委批准、澳大利亚政府认可,是中国唯一一所完全与国际接轨的中外合作学校,全英文讲授澳大利亚同步课程,文凭和学位广受国际认可。它为中国境内的中、外籍学生系统地提供全英文澳大利亚高中、大学预科、大学文凭、本科及雅思英语课程。

学校优势

(1)该学校是西澳大利亚州政府教育署课程委员会在中国唯一正式授权的国际大学录取考试(Te ortiary Entrance Examination,简称 TEE)中心,进入该校的学生可以直接参加国际高考。

(2)该国际学校设有大学连接课程,中国高中毕业生无须预科直接升入澳大利亚某些公立或私立大学。同时,学校还设有西澳州政府授权的 TEE 课程,为中国学生直升牛津、剑桥等英、美、澳、国、新等世界百余所名校提供了绿色通道。

课程设置

在课程设置上,北京爱迪国际学校的所有课程都用全英文讲授,根据学生的英文水平提供各种层次的雅思培训,克服语言障碍。学校还通过开展英语角、英语沙龙、英语朗诵等各种活动,定期观看英语原版电影,组织足球队用英语进行训练和比赛,等等,给学生创造全英文的学习、生活环境。

所需费用

初中部学费约为每年 11 万元人民币,高中部学费每年约 12 万元人民币。

入学要求

报考要求较低,通过学校考试即可入学。

第六章

中外合作学校，中学生出国留学的重要途径

毕业去向

截止 2012 年 3 月，该校已输送 1600 多名学生前往澳大利亚、英国、美国、加拿大、新西兰等世界各国进行留学深造，其中 90% 以上获得了学士或学士以上学位。

北京中加国际学校

学校简介

北京加拿大国际学校学校位于北京第三使馆区，地理位置优越，交通方便。是北京市第一所中外合作全住读式学校，实施普通高中及高中后加拿大高等专科学段教育双语教学。合作办学方是北京师范大学附属实验中学、加拿大纽宾士域省教育部和加拿大加皇国际教育集团。

学校优势

（1）学费较低

学校作为由中加两国政府资助的项目，收费比在京的其他普通国际学校低很多，适合于经济条件并不十分优越的家庭。

（2）双学历证书

该校学生具有中加两国的学籍，毕业考核合格后可同时获得两国颁发的学历证书。取得双学历证书的学生，可以报考中国的大学，同时也取得在北美及英语国家攻读大学的学历资格。

课程设置

该校主要针对高中学生（高一至高三）施教，分为 AP（Advanced Placement，美国大学预修课程）班、实验班和普通班。该校一直秉承改革的原则，实行双语教学，对学生语言能力的提高有非常大的作用，学生使用英语的水平是一般高中的三倍以上。

所需费用

每年学费15,000美元（约合人民币9万元）。

入学要求

通过学校的入学考试即可入学。

毕业去向

毕业生可到加拿大滑铁卢大学、多伦多大学，美国的多所常青藤学校，英国的牛津大学，等等，学习最好的专业和课程。

国际班

过去，对于中学生和家长来说，中考的目标，第一是重点高中，第二还是重点高中，但现在多了一种答案：高中国际班。国际班一般由国内培训和国外课程学习两个阶段组成，由国内的某些高校和其他国家的合作高校联合培训，最终获得国外高校颁发的国际认可的本科学位证书。现有的高中国际班一般面向社会招生，学制为三年，绝大多数进入国际班的学生的目标就是为了出国留学。很多家长也认为，只要进了国际班，就等于半只脚跨进了国外大学。

目前，随着出国留学的不断升温，推出国际班的学校也越来越多，尤其是一些知名度较高的学校，为有意向出国留学的学生提供了直通车。

第六章
中外合作学校，中学生出国留学的重要途径

北京四中国际班

学校简介

北京四中创建于1907年，是北京市示范高级中学，是中国内地地区最早探索素质教育的高中之一，是全国重点学校之一，也是联合国教科文基层俱乐部成员。

学校优势

该校国际班经常同哈佛、加州理工等世界顶尖名校开展课程交流活动，可以让学生及时了解世界最先进的教育理念，为以后考入世界名校夯实基础。

课程设置

中美课程班的学制是三年，每天八节课，每节课45分钟，每天都有体育课，周六、周日均不加课。中美高中的特色课程包括：中方基础课程、美方基础课程和AP高级课程。

(1) 中方基础课程

该课程包括：语文、数学、英语、物理、化学、生物、历史、地理、政治、艺术、体育、信息技术、通用技术、社会实践活动、研究性学习。该课程为中国高中的基础课程。通过该课程的学习，完成会考后学生即可获得北京四中的高中毕业证书。在部分科目的授课过程中将使用双语教学，以便更好地与美方课程衔接。

(2) 美方基础课程

该课程包括：英语、数学、科学（物理、化学、生物）组成，学生选3～4门功课，其中英语和数学为必修课程。同时，将融入托福（TOEFL）、赛特（SAT）课程。该课程为美国高中的基础课程，是获得继续学习AP高级课程的基础，以便学生今后作为国际学生申请美国大学。

(3) AP 高级课程

美国高中高级学业课程，即美国大学预修课程 AP。高级课程包括：英语语言与作文、英语文学与作文、中华语言与文化、微积分、统计学、化学、物理（力学）、物理（电磁学）、微观经济学、宏观经济学、世界历史等针对国外大学的录取要求及中国学生优势的 4～10 门课。学生在学校学习顾问的指导下选择其中的 3～5 门课即可。该课程适合顺利完成基础课程学习的学生。修完高级学业课程并通过相应的 AP 考试，可在美国大多数大学转换学分而获大学免修课程。

所需费用

北京四中国际班的学费是每学期约 5 万元人民币。

入学要求

(1) 申请北京四中国际班的流程

第一步：参加中考，得知中考成绩后，立刻拿着成绩到四中咨询国际班报名分数线。

第二步：在 7 月会进行入学考试。

第三步：如果孩子其他成绩不好，只有英语非常好，可以拿着成绩到学校看是否能参加面试给次机会。

(2) 报名条件

北京四中国际班的目标是美国名校的录取以及未来在美国的顺利学习和生活，所设计的课程有较大的挑战性，对学生的学习基础和学习能力都有较高的要求。目前所设定的北京中考报名分数为总分不低于 540 分（含），英语分数不低于 110 分（含）。报名时需携带中考成绩单、中考准考证和北京市高级中等学校招生体格检查表。

第六章
中外合作学校，中学生出国留学的重要途径

毕业去向

截止到2012年初，北京四中的两届国际班毕业生都被美国或加拿大的一流名校录取，其中包括：八所常春藤盟校、加州理工学院、芝加哥大学、杜克大学等美国著名私立院校，弗吉尼亚大学、密歇根大学等著名公立大学，以及阿默斯特学院、史密斯女子学院、韦尔斯利学院等著名的文理学院。

北大附中国际班

学校简介

北京大学附属中学成立于1960年。作为北京大学"小学—中学—大学—研究生院"四级火箭培养模式的重要组成部分，北大附中从成立之初就受到北京大学的高度重视和全力扶持。北大附中国际部经教委审批后则成立于2010年7月，截止到2012年5，国际学校的最高年级是高二学生，因此暂无毕业生。

学校优势

采取小班模式为主的授课方式，同时结合一对一方式进行教学。学生无户籍限制。

课程设置

北大附中国际班每学期开设的课程都有所不同，学生可根据自身学习基础、能力、兴趣等来合理安排、规划三年的课程修读计划。在这里，学生可以找到他们喜欢的老师并且选择适合自己的课程。学校重视培养和提高每位学生的学习主动性和积极性，为便于学生找到自己的学习兴趣和学习目标，学校还开展了多元化、个性化的素质教育。

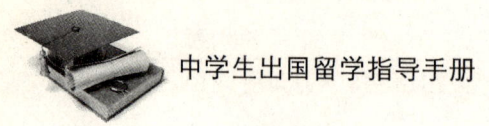

所需费用

每年的学费和教材费总共约 8 万元人民币。

入学要求

2012 年国际班报名申请过程大致分为四步：

第一步，填写申请表格。申请表格如实填写后，可发至国际班的电子邮箱（admit@pkuschool.edu.cn），目前只提供中文申请表，但是并不只限于招收中国学生。

第二步，参加笔试。申请者可在笔试测试之前将申请表格发送至指定邮箱。

第三步，参加面试。

第四步，录取。

北大附中国际部的录取分数会根据学生的具体情况，参照学生的真实成绩，从最高分往下录取。

毕业去向

可以报考西欧和北美地区的大学。

北京十一学校国际班

学校简介

北京十一学校是一所师资力量雄厚、环境设施一流、办学质量优秀的现代化学校。它的国际部主要培养有志于前往西欧、北美各大名校留学的国际学生，特别是在与美国的合作方面成果显著。

学校优势

（1）优秀的外籍教师团队

特聘的优秀外籍教师大都是于毕业哈佛大学、哥伦比亚大学、剑桥大学、帝国理工大学等世界名校的博士或硕士。他们的教学注重实验探究，激发学习兴趣，培养创造性思维品质。全英文教材及浸入式的英语学习帮助学生全方位提高英语水平。

（2）中外课程的融合

除国际课程外，学校开设国家必修课程，包括语文、政治、历史、地理、艺术、技术、体育等，培养具有"中国灵魂"的学生。

（3）共享丰富的教育资源

国际课程班的学生还享有十一学校所有的现代化教育教学设施及教育资源，如选修课程、奖学金评选、社团活动等。

（4）多元化的课程选择

立足于符合学生学习方式、学科学习特点的改变，十一学校开始逐步建立多层次、分类别的课程体系；通过选修课程的设立、学科功能教室的建设、国际竞赛课程的开设等方式，使学生的学习更具个性化，更符合学科的学习规律。

（5）注重个体化发展

国际课程班不到30人的小班教学增加了师生互动的机会，提升了教师对每一个学生的关注度，有效地推动了学生个性化的发展。

（6）提升综合素养

大学宣讲团、名家大师进校园、综合社会实践活动、志愿者活动、海外社会实践等丰富的活动，可以让学生在主动参与的过程中锻炼和提高自己的领导才能，成为未来的领袖和精英人才。

此外学校还与美国康奈尔大学为代表的常春藤联盟大学建立合作关系。学校结合学生的职业目标和人生方向引导学生选择大学及专业，精心辅导学生升入剑桥大学、帝国理工大学、康奈尔大学、约翰霍普金斯大学、芝加哥大学等世界名校。

课程设置

学生在 AP 课程结束时，将参加美国大学理事会组织的全球 AP 统考。AP 统考评分标准分为 1～5 分，5 分为最高分，4 分为高分合格，3 分为合格。3 分以上的成绩为大多数的大学所接受，可以在以后上大学时折抵大学的学分，但少数顶尖大学要求 4 分或 5 分才能折抵大学学分。

AP 考试时间在每年的 5 月。对成绩不满意的学生，可在次年报名再次参加同一科目的考试，以最好的成绩为准。考试是按大学水准，由 AP 课程编制委员会负责筹划、编制并审批通过的，且各年的试卷总体难度基本稳定。试卷为全英文，要求学生用英文回答。

美国高中 AP 课程有 22 个专业 37 门课程，每门考试分两部分：第一部分为多项选择题，第二部分为自由答卷。根据考试科目的不同，每门课程的考试内容会有所差别。考卷通过指定快递安全送达美国，大学教授们参与 AP 考试的阅卷和评分，他们可以将 AP 考试者与自己教授的大学生进行比较，从而确定这些参加 AP 考试的高中生是否的确达到了与大学课程相同的水平。

所需费用

剑桥国际高中项目学费：每学期 40000 元人民币。

中美高中项目学费：每学期 45000 元人民币。

以上费用不包含课本、住宿、校服、学习用具、考试费等。

入学要求

北京十一学校的录取标准，将依据当年的中考成绩和专业测试择优录取。一般报考国际高中课程的学生需各科成绩优良，英语水平较高，在校表现良好。符合这些要求再通过专业测试之后即可入学。

第六章
中外合作学校，中学生出国留学的重要途径

毕业去向

西欧和北美的各大名校。

北京八中怡海分校

学校简介

学校以"中（国）加（拿大）"合作为主体，引进先进教育资源，为学生开发多种走向世界的通道，对学生进行国际化教育，提高他们的国际语言、国际知识、国际生活与创业能力，为他们走向世界谋求更大发展奠定坚实的基础。

学校优势

北京八中怡海分校与美国西雅图绿河城市大学合作开展赴美留学预备教育，建立2+2+2（即两年国内留学预备课程、赴美两年美国高中及大专课程、进入美国大学学习两年大学课程）与国际高等教育接轨的教育体系，为学生提供规范、稳妥的出国留学通道。

北京八中怡海分校采取中外课程过渡方法，使学生顺利完成与国际高中教育接轨，相当于高二学生直读大一；高中二年基本完成英语过渡，不需要托福、SAT等考试成绩，达到北美大学录取标准；高中阶段与大专阶段四年连读，达到美国大专毕业，省时省钱；六年实现美国大学本科毕业目标，真正理想的留学直通车；获得美国大专及本科学位，为在北美就业移民奠定基础。

课程设置

第一阶段（第1~2年）：在北京八中怡海分校完成两年留学预备班培训课程，包括国内高中一、二年级基础课程，同时进行强化英语培训，由美方外教开设 ESL（English as a Second Language）课程，每周12节，实行小班授课，每班20人，期间利用暑假组织学

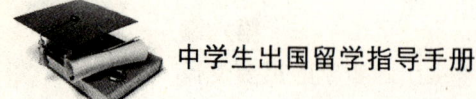

生赴美修学4~6周。学生报到后可获得美国绿河城市大学的预录取通知书并注册学籍，完成培训课程并经考核达到规定标准后，凭高中一、二年级成绩单及学校推荐信可转入第二阶段学习。

第二阶段（第3~4年）：学生通过英语测试后，可直接赴美进入美国高中及副学士学位（大专）课程的学习，如学生英语测试成绩未达到规定标准，需进行英语补习后再进入上述课程。当学生完成美国绿河城市大学90个学分课程的学习，并考试合格后，将获得美国绿河城市大学颁发的美国高中毕业文凭和副学士学位证书，之后，学生可选择美国高质量大学继续深造，也可以凭副学士学位证书寻求工作和定居机会。

第三阶段（第5~6年）：学生由美国西雅图绿河城市大学升入美国高质量大学继续学习大学本科3~4年级课程，完成90个学分后，可获得美国大学本科毕业文凭和学士学位证书，之后可以在美国寻求工作和定居机会。

所需费用

第一阶段：北京两年学费共40000元人民币，教材费每年18320元人民币，住宿费、伙食费每年共18000元人民币，招生管理费两年共134640元人民币。

第二阶段：美国绿河城市大学两年，每9个月的学费是7875美元，每9个月生活费是7113美元；每9个月住宿费是972美元；每9个月书本费是15960美元。每9个月共计约20万元人民币。

第三阶段：美国著名大学两年20000~32000美元（约合人民币12~20万元）。具体费用由所选择的大学而定。

入学要求

北京八中怡海分校面向全国招收思想品德良好、学业成绩优良、身体健康的应往届初中毕业生和高中在读学生及同等学力学生。通

第六章

中外合作学校，中学生出国留学的重要途径

过学习能力考试即可进入八中。

毕业去向

可以进入美国的各大名校。

清华附中国际班

学校简介

清华附中是由教育部直属的大学附中，是北京市重点中学，北京市校园环境示范校，也是正在建设中的北京市高中示范校之一。清华附中国际部主要培养有志于前往美国，特别是美国哥伦比亚大学留学的学生。2008年清华附中国际部创建之时，便得到了来自哥伦比亚大学的鼎力支持，获得了美国大学理事会的授权。

学校优势

对于非英语母语的学生来说，清华附中国际部将为他们提供ESL课程，以使学生易于跟上正常教学进度，使学生在课程学习上有一个过渡期，并帮助他们顺利度过。

课程设置

所有在本校就读的学生，将在入学时接受由美国教育考试服务中心ETS（Educational Testing Service）提供的中级英语（ESL）水平测试，以测定他们的英语水平。学校为非英语母语的学生提供ESL课程。

ESL课程旨在提高学生在英语上的听、说、读、写能力，以使他们能跟上正常的教学进度。所有参加ESL课程的学生，在每个学期的结尾都会被要求再次参加SLEP（Secondary Level English Proficiency）考试，即中学生程度英语水平考试，以考察他们在这一学期英语的进步程度。

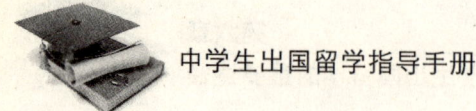

除了 ESL 课程外，清华附中国际班还有许多优势课程，在这之中包括为高中部学生提供的 AP 课程项目，给予 11、12 年级学生挑战大学水平的数学、科学和社会科学课程的机会。从 2010 年开始，学生必须获得 B$^+$ 的成绩，和学科老师的推荐信，才能申请该学科的 AP 课程。

清华附中国际部的毕业生，必须达到高中阶段的学分要求，共 26 学分，分别是：数学 4 学分，科学 4 学分，社会科学研究 3 学分，英语 4 学分，外国语言 3 学分，艺术 4 学分，音乐 1 学分，体育 2 学分，计算机 1 学分。

所需费用

清华附中国际班的学费情况：

6~12 年级每年学费人民币 99000 元。

其他应缴费项目：

① 报名费：人民币 1000 元/人；

② 教材费：人民币 3000 元/人；

③ 折旧费 300 元/年（该项费用在学生办妥离校手续后归还余额）；

④ 住宿费：人民币 18000 元/年；

⑤ 校车费：校车费根据不同路线收取；

⑥ 社会实践费：个别实践活动的费用并不包含在学费中，如文化交流或校外拓展活动等。如开学后需交实践费用，将书面通知家长。该项费用按实际发生额收取。

入学要求

报考清华附中国际班的学生，需要准备以下申请材料：入学申请表，二寸彩色免冠照片（白底）三张；之前学校的正式成绩单；申请费人民币 1000 元；教师推荐信（需有信头及盖章）；健康记录表；申请人及其父母的护照标题页的复印件；近期标准化测试的成绩，比如 SAT、PSAT（SAT 预考，Preliminary SAT）、TOEFL（托福）、IELTS（雅思，International English Language Testing System）、SSAT、SLEP 等。如果没有近期成绩，申请人还需参加入学前的一些测试。

毕业去向

可以前往美国各大名校留学深造。

国外语言学校（预科）

中国的高中生、中专生毕业后，要出国攻读学士学位一般须先在当地读一年预科，才有资格申请大学本科课程。完成预科后，要参加一个测试，然后根据这个成绩来决定是否能升入当初选择的学校。

不少国外的语言学校都在国内开办了相关的预科课程，如加拿大哥伦比亚国际学院设有适合高二、高三学生报读的预科班，德国萨勒姆王宫中学招收从小学五年级到高三的学生。国内也有很多大学推出留学预备班，帮助国内高中毕业生攻克语言关。这样对于读预科来讲就有国内和国外两种选择，各有利弊，家长应根据家庭情况和孩子的自身条件作出合理选择。

1. 直接去国外读预科

（1）优点

学生可以更早地进入国外的大学进行深造，早一些接触国外的

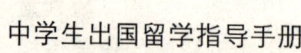

文化和知识,能够更快地融入国外的环境和社会。同时,学生也能够接受到一个完整的外国大学教育。

(2) 弊端

首先,国外语言学校学费昂贵。国内预科学校的费用不到国外语言学校学费的二分之一,如果让孩子出国学语言的话,家长不得不投入更多的金钱。在国外学语言期间,一年的学习生活费用平均下来是人民币12~15万元。

其次,缺少过渡。孩子直接出国,中间缺少一个过渡期,一些孩子由于语言能力差,在国外的学习生活可控性更差。学习起来很费力,造成学习上的困难,也更难融入外国的社会。

第三,孩子毕业的成功率会降低。很多学生由于过早地出国,语言和心理上的适应期很长,因此,很多学生都不能按照原定的规划完成学业。

2. 在国内先读预科再出国

(1) 优点

首先,减少成本,节省家庭的资金投入,这比较适合一些家庭经济状况相对较差的学生。

其次,让孩子有一个过渡期,家长也能够更好地对孩子进行监管,降低孩子出国学习的风险。

第三,和其他打算出国留学的孩子在一起学习,可以激发孩子更好地学习,并让孩子之间有一个信息共享的过程。孩子在学习预科课程期间,也能根据自身的学习状况,对自己的将来有一个更科学的规划。

第四,中外教学结合,可以让孩子的基础语法和口语、听力同步提高,进步快。

第五,使用国外的教材,跟国外的语言学校同步。不但学习外

第六章
中外合作学校，中学生出国留学的重要途径

语，而且还能学到国外的文化。

（2）弊端

与国外实际的教学生活还是存在着一定的差异。

对于上述两种留学的途径，学生和家长在选择时，要根据家庭的背景和考生自身的特点，正确选择。一般来说，家庭经济状况很好、有支付能力的家庭可以考虑让孩子出国读预科，经济能力较差的家庭则不宜选择让孩子立刻出国，以免让家庭背上沉重的经济负担。

条件成熟的家庭和学生可以直接去国外念书，但绝大多数的考生还是最好先读国内的预科课程，等适应了外国的学习生活环境，再出国。一般上过预科的学生去国外学习，在适应能力方面会有明显的优势。

还要注意应合理选择国外的大学，使学生读预科的难易程度在自己的能力范围内，这样可提高大学的入学成功率。很多家长都看重外国大学的排名，都想送孩子去名校学习，但也不能盲目攀高，应客观地看待自己。家长应根据孩子的实际情况，合理选择，不要把期望值定得太高，要做好心理上的准备。

如何选择中外合作学校

进入中外合作学校读书，可以帮助孩子完成出国前的准备，顺利升入理想的国外大学。但是，时下中外合作学校为数众多，家长们该如何选择呢？

1. 考察所选机构的背景、以往声誉及教学经验

教学机构是否具备丰富的国际教育教学管理经验是选择的关键。即使运作相同的较成熟的项目，不同教学机构运作起来也会有很大差别。

2. 考察学生出路，是否能升入国外正规大学

家长须注意国外大学的录取也是有各种差别的，学生拿的是国外大学双录取通知书，但是要看学生到国外是还需读语言和预科，还是直接升入本科。

3. 考察师资与管理

严格来说，教授国际课程的外籍教师必须具备相应的教学经历及教师资质。

4. 管理模式

对学生采取什么样的管理模式，也是课程能否成功的关键。若时间较短，管理宽松，很可能影响课程及留学的成功。

回避中外合作学校的招生陷阱

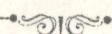

以下以个别学校的招生简章为例，剖析两种常见的招生陷阱。

1. 承诺留学签证率100%

如果有中外合作办学机构或者项目宣称：学生结束三年或几年的课程学习后，出国留学的签证率是100%，即使学生没有达到相关要求，学校也会想办法让学生出去。那么家长就要在心里掂量掂量

了,因为不管哪种中外合作学校,都无法保证一定能够帮助孩子出国留学,学生最后能否出国取决于很多因素,包括学习成绩、家庭经济条件、身体状况、签证、学校的申请、外国移民当局的政策等。

2. 全聘外教、用国外教材

有些学校会在招生简章中宣称所有教员都是外教,教材也全是国外教材。这就存在两种情况,一种是个别学校打着与国外某大学合作的旗帜,实则学校没有聘请一名外籍教师,也没有引进一本国外教材。另外一种真的是全外教、全套照搬国外的课程。

对于前一种,学生和家长可以查实一下,学校是否取得由省级以上教育行政部门颁发的中外合作办学许可证,中外办学合作项目和机构名单可从教育部网站上获得。按照中外合作办学相关条例规定,担任主干课程教学的外籍教师所占比例应不低于25%,引进国外教材不低于教材总数的30%。

对于第二种,也不能笼统地说好还是不好,因为完全照搬国外课程,未必真的适合中国学生。中国学校的基础课程水平在全世界属于比较先进的。对于大多数中国学生而言,中外合作学校如果能够融合中国学校的基础课程以及严格的管理模式,加上外方的先进办学理念及优质的教学资源,这才是相对合理的教育模式。

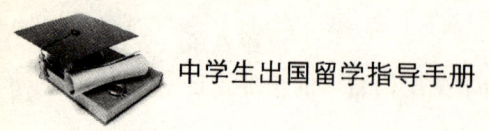

中学生出国留学指导手册

国内各省市中外合作学校名录

北京市：（略）

上海市：

上海瑞金国际学校	地址：上海市闵行区辛庄镇东闸路南头
上海协和双语教科实验中学	地址：上海市闵行区
上海尚德实验中学	地址：上海市浦东新区秀沿路 1688 号
上海德威英国国际学校	地址：浦东新区蓝桉路 222 号
上海新加坡国际学校	地址：徐汇区华泾路 1455 号
上海李文斯顿美国学校	地址：长宁区甘溪路 580 号
上海耀中国际学校	地址：浦东新区花木路 1817 号、长宁区水城路 11 号

广东省：

香江中学	地址：广州市增城新塘镇源章大道翡翠绿洲楼盘内
华美剑桥国际高中	地址：广州市天河区华美路华美学园
广州南武中学	地址：广州市海珠区同福中路 362 号
广州裕达隆国际学校	地址：广州市白云区沙太北路 800 号
深圳中加学校	地址：深圳市南山区南光路 166 号

江苏省：

南京外国语学校	地址：南京市栖霞区北京东路 30 号
南师附中	地址：南京市鼓楼区察哈尔路 37 号

第六章
中外合作学校，中学生出国留学的重要途径

金陵中学　　　　　　　　　地址：南京市建邺区梦都大街 60 号
南京一中　　　　　　　　　地址：南京市中山南路 301 号
南京大学附属中学　　　　　地址：南京市鼓楼街 83 号

湖北省：
黄冈中学　　　　　　　　　地址：黄冈市八一路 28 号
孝感高级中学　　　　　　　地址：孝感市孝南区交通大道特 1 号
宜昌市第一中学　　　　　　地址：宜昌市宜都市西陵二路 4 号
武汉华师第一附属中学　　　地址：武汉市东湖高新区汤逊湖北路特 1 号
武汉外国语学校　　　　　　地址：武汉市江汉区万松街道万松园路 48 号

贵州省：
贵州实验中学　　　　　　　地址：贵阳市瑞金南路 155 号
贵阳一中新世界国际学校　　地址：贵阳市乌当区

福建省：
福州高级中学　　　　　　　地址：福州市乐群路 16 号
福州外国语中学　　　　　　地址：福州市仓山区公园路 39 号
福州阳光国际学校　　　　　地址：福州马尾区胩头村 337 号
厦门双十中学　　　　　　　地址：厦门市镇海路 33 号
集美中学　　　　　　　　　地址：厦门市鳌园路 27 号

辽宁省：
辽宁省实验中学　　　　　　地址：沈阳市皇姑区黄河南大街 89 号
大连枫叶国际学校　　　　　地址：大连市金州区彩云路 78 号
东北育才外国语学校　　　　地址：沈阳市浑南新区世纪路 41 号

山东省:

山东师范大学附属中学	地址:济南市历下区山师北街 3 号
济南实验中学	地址:济南市经七路 73 号
山东泰山国际学校	地址:山东省泰安市高新区文化区

河南省:

郑州市第二外国语学校	地址:郑州市上街区
郑州第一中学	地址:郑州市中原西路 182 号
郑州第九中学	地址:郑州市农业路 21 号

浙江省:

杭州第四中学	地址:杭州市延安路 19 号
宁波万里国际学校	地址:宁波市辖区腊梅路 151 号
温州瑞安中学	地址:浙江省温州市瑞安市
温州中学	地址:温州市温中路 165 号

湖南省:

湖南师范大学附属中学	地址:湖南省长沙市岳麓区桃子湖路
长沙市第一中学	地址:长沙市开福区清水塘路 53 号
长郡中学	地址:长沙市黄兴南路 309 号

山西省:

山西实验中学	地址:太原市解放路 235 号
山西大学附属中学	地址:太原市坞城西街 9 号
山西民贤国际高级中学	地址:太原市万柏林区神泉街 5 号

第六章
中外合作学校，中学生出国留学的重要途径

四川省：

成都第十二中学	地址：成都市航空路 16 号
绵阳外国语学校	地址：绵阳市普明北路东段 568 号
南充高级中学	地址：南充市嘉陵区火花街道学府路 1 号

云南省：

昆明实验中学	地址：昆明市人民东路 47 号

第七章
中学生出国留学如何选择学校

有的国家天气太过寒冷，有的又太过炎热，对于大多数生长在温带的中国孩子来说，能适应那的天气吗？除了天气，饮食习惯又能适应吗？宗教信仰有冲突吗？学校会排斥中国留学生吗？

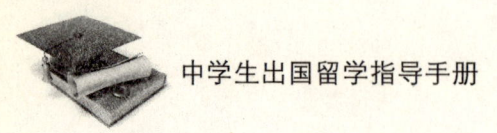
中学生出国留学指导手册

根据孩子自身的性格特点进行选择

中学生出国留学，由于年龄原因，大多数自我约束力不强，缺乏处理问题的能力。对于这些，家长在选择学校的时候要根据孩子的性格来分别对待。

国外的中学，有公立、私立之分。随着留学市场低龄化，以及国外的一些公立中学生源不足，有的公立中学也开始接收国际学生，但是要缴纳学费，而且招收的国际学生名额很少。公立中学主要是为本地的孩子提供教育，对国际学生没有特别的照顾，对初到国外语言不好的孩子，压力很大。公立学校没有学生宿舍，留学生需要寄宿在当地家庭，这样有利于学生与当地人交流，但是学生由于生活习惯、文化的不同也很容易和寄宿家庭的人员产生摩擦。这种情况适合那些性格外向、善于与人沟通的孩子。

私立中学注重教学质量，对国际学生没有名额上的限制，而且有专人指导学生，在生活上也很照顾国际学生。大多数的私立中学都是寄宿学校，学校统一管理学生的食宿，可以使学生免除生活担忧，更多地把时间和精力放在学习上。但现在稍微有点名气、入学要求不高的私立寄宿中学，中国孩子会比较多，初来乍到的中国留学生很容易扎堆，不利于学生语言学习和生活融入。而且每逢假期，学校宿舍会关闭，学生需要借住到学校认可的监护人安排的住处，这对没有太多管理能力的孩子又是一个挑战。这种情况适合性格内向、不太习惯与外人接触的孩子。

第七章
中学生出国留学如何选择学校

在私立高中里，也有一部分是没有学生宿的，同公立中学一样，学生需要寄宿在当地家庭。这种私立高中里的中国孩子就比较少，不会出现扎堆现象。选择这种学校的学生应该与选择公立高中的学生一样，要性格外向，善于与人沟通，才比较适合。

此外，国外的中学还有男校、女校、混合学校的区别，家长择校时，最好根据孩子的性格与适应能力选择合适的学校就读。

选择国家很重要

留学生在选择国家和学校时，首先要考虑的就是语言问题。众所周知，在我国从小学开始，基础教育中就有英语，也就是说大多数学生已经学过英语而且有一定的基础。所以，留学选择英语系国家，如英国、美国、澳大利亚、新西兰、加拿大等，对于学生适应当地生活会更容易些。如果选择非英语国家，如法国、德国、日本、韩国、西班牙等，这些国家的学校教育有的会有英语授课，但通常都采用本国母语教学，而对于多数一点语言基础都没有的学生来说，学习语言就是一个难关。尤其本身英语成绩就不是特别好的学生，还要再学习和掌握第二门外语，这绝非易事。学生一般还是选择英语国家比较适合。

家长也要想好孩子留学之后是待在国外还是回国，如果待在国外，就要对留学国家的民族性、排外性进行考虑。比如，德国只有通婚才能移民，对国外人的态度有所不同。留学生的生活会很孤独，性格内向的孩子最好选择较近的国家。

大城小镇任你选

现在出国留学的孩子都喜欢选择大城市，比如去加拿大的，一般选多伦多和温哥华，这两个城市的中国留学生很多。华人很多，就导致学习英语的环境不是太好，同时大城市的消费水平高，城市内学校的学费相对也很昂贵。其实，这主要是因为大家追求大城市的市政设施、良好的发展环境，以及认为大城市的学校教学一般会更好。但事实并非如此，国外一些中小城市同样有很棒的学校。而且大城市密集的人口会造成城市资源不堪重负，使学生将来的竞争会很激烈。

小城镇去的留学生较少，学生为了与周围人交流，就不得不使用英语，对学生的语言提高很有帮助。小城镇的环境优美，消费没有大城市那么高，这些地方的学校学费相对就会低。需要注意的是，小城镇的地方性较浓，虽然他们有些人会对外国人好奇，乐于帮助，但有些人有较强的排外心理。不过人少竞争就少，学生未来在当地就业会容易很多。

家长和学生在挑选出国地方时，不要只认准大城市，想要更多接触国外的社会，一些小城镇其实更利于学生学习。

小李同学去国外留学时是在一个小城市，后来就近找到一份做审计的工作，原先他是最底层，三个月就转到中层，半年后成了领队，还在一年之内考了税法、CFA等证。朋友问他，怎么读书这么用功？他说，城市小，上学的时候就交到朋友，又没有什么游乐的地方，下班之后没有什么事情，就用学习打发时间。

总的来说，家长和学生选择留学城市时，不要在意它是大城市还是小城镇，只要是适合孩子的，有利于孩子的发展，那就是好的。

根据家庭经济条件选择

在选择留学院校的时候，家庭经济条件是一个非常重要的参考因素。无论是孩子的学习费用还是生活费用都是一笔很大的花销。而且中学生时期就出国，花费会更多。

一般出国留学，都会有担保金的要求，根据国家、学校、专业的不同，要求也相应不同。比如，美国一年花销一般在 25～35 万元人民币，英国为 20～25 万元人民币，加拿大、澳大利亚会比这少些，新加坡、日本、韩国会更少。在同一国家内，学校所在城市，以及学校规模设施的不同，留学花费也会不同。一些贵族私立中学就比普通的私立中学花费高。

因此，学生和家长在选择留学时，要根据家庭经济条件的不同选择不同的国家和学校。最好做到不会因留学而使家庭负债或是生活窘迫。

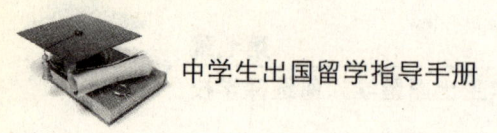

出国留学最好不改变语种

我们一直在说,出国留学,语言很重要。因为到了国外,要交流就得用对方的语言。比如去美国,老师授课用英语,学生作业用英语,日常购物还得用英语,如果语言不过关,孩子的生活、学习就无法进行。

所以在学生申请留学时,对方学校需要学生有相应的语言成绩,如果没有,出国之后就得读语言预科。由于我国基础教育包括英语,学生或多或少会有一定的英语基础,所以学生选择英语系国家就相对适应快一些。

如果学生在国外——比如加拿大——读完高中,想要去别的国家上大学,那么最好不要换母语是非英语的国家。因为学生在加拿大度过高中,适应了英语的环境,觉得国外的生活还是可以慢慢适应的。但是如果转而去法国、德国等国家,他们的学校会有英语授课,可更多的科目还是母语讲授,当地的日常生活肯定也是说母语。这样一来,学生就需要再进行语言的学习、适应,又会浪费一定的时间和精力。

所以,即便是学生要转换国家,也最好不要改变语种。

气候有时也很重要

冬天的时候，大雁会向南迁徙，到了春暖花开，它又回到北方。在国内，南方人到了北方会觉得天气干燥、寒冷，而北方人到了南方又会觉得潮湿。到国外，更是如此。外国与我国处于不同的地理位置，许多国家和我国的气候都不一样。家长和学生选择出国时，不要忘记对气候的考虑。

比如英国，我们都知道它是个多雾的国家，即便夏季晴和的好天气也会有薄薄的烟霭；它的夏季白天特别长，到晚上10点多才黑天，而冬季白天又很短，下午3点不到天就变暗。学生如果去英国应该准备些什么，能否适应当地的日常休息时间？再比如美国的不同地区气候差异也非常明显，西海岸的加州地区阳光充足，冬季平均气温都在十几摄氏度；而最冷的地方如阿拉斯加，冰天雪地，并不是任何人都能承受得了的；华盛顿州经常阴雨连绵，有些地区甚至阴雨时间达到半年左右；夏季的佛罗里达等地区，风暴比较频繁。

学生在出去之前，对当地的气候及地理环境都应该作详尽的了解，并提前准备应对方法，以免到时候措手不及受到伤害。对于体质较弱的同学，尤其是女生，更要对所选学校的气候环境多加考虑。

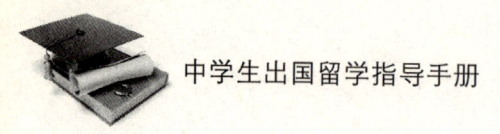

根据学校规模和师资力量进行选择

近年来,留学市场越来越热,一些国家看到这方面的利益,把教育当作产业、贸易进行经营,一味追求教育所带来的经济利益。许多国家私立学校新成立很多,存在颇多问题,却积极招收留学生。私立学校破产倒闭事件也时有发生,这无疑给留学选校敲响了警钟,家长和学生在选校上必须慎之又慎。

学校的规模大小,一定程度上代表着学校的实力。私立学校是收费学校,它的教学质量高才能吸引更多的学生就读,这样资金越充足,学校规模就会越大。家长和学生在择校时,可以根据学校的升学率、就读学生的多少来评判学校,有条件的可以亲自去学校参观。但并不是规模越大就越好,我们同样要看师生比例和学生比例。师生比例大,老师和学生交流的机会比较多,课堂上老师也留有时间让学生发表意见、参与谈论。如果师生比例小,学生与老师接触、探讨的机会就少很多。师生比例最佳为1∶10,最低限度是1∶20。学生比例,则指国际学生和本地学生比例,中国学生比例最好不要过多,如果中国学生超过学生总数的15%,不利于中国留学生的语言学习和跨文化交流。我们还可以查看学校的硬件设施,比如各类教学设备、图书馆、活动场所等,另外还需要了解学校对学生研究方面的支持以及学校教师的学历,这些都可以作为择校时的参考。

家庭条件和个人能力都比较好的学生不妨选择那些特别优秀的私立中学,像美国的霍奇基斯中学、菲利普斯埃克塞特中学等被称为小常春藤高中的学校,这些学校升入美国常春藤名校概率很高。

第八章
中学生出国留学如何保障安全

中学生正处于少年时期,生活能力欠佳,自我保护意识差,如果一个人在国外学习和生活,父母就会时刻担心孩子的人身安危。

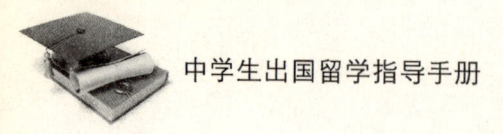

深入了解目的地

中学生年龄小,自我保护意识和能力相对成人来说还有所欠缺,因此,出国留学时,家长除了关心孩子的学业问题,还要关心孩子的安全问题。在孩子出国之前深入了解目的地,是保障孩子安全的有效方法之一。

家长和学生深入了解留学国是在孩子留学出发前必做的准备之一。具体来说,需要了解的内容主要包括:当地法令法规、交通规则、自然环境、人文环境、风俗习惯、食品安全、宗教信仰等。中学生年纪小,有时候说话不太注意场合,想说什么就说什么,这一点,在国外一定要注意。尤其在宗教信仰方面,必须尊重所在国及当地人民的宗教信仰,不要妄加诋毁和评论,否则会招惹不必要的麻烦。

留学生要想保证自身安全,在选择留学国时,就应该考虑到国家的稳定性和社会治安因素。一般来说,发达国家的社会相对比较稳定,治安相对较好,但是所有的社会都存在阴暗的一面。因此,即使留学生所在国是社会治安非常好的国家,留学生出门在外也要学会自我保护,以防万一。

其实,留学生出国前了解目的地的方式有很多,比如:互联网(国内和当地的网站)、亲戚朋友、专业的留学机构等。当然,经济条件好的家庭也可以先去目的地考察一下,这样可以有一个更深入的了解。

第八章
中学生出国留学如何保障安全

学生通过各种方式提前对当地的基本情况有一个大概的了解，对于以后较好地适应那里的生活和学习很有帮助。

孩子要知道如何应对突发事件

学生出国留学常见的突发事件主要有自然灾害、大型社会事件和个人突发事故三类。中学生一般都处于13~16岁这个年龄段，年龄小，经历少，对于突发事件的处理几乎没有一点经验。因此，如果学生一个人在国外求学，就一定要知道如何避险避灾。

留学生身在国外，最容易遇到的自然灾害主要有地震、飓风、海啸等。作为一名中学生，一定要学会照顾、保护自己，在出国之前，应该全方面了解留学国会经常发生的自然灾害，如美国夏季多飓风、新西兰多地震等。

当然，在这方面，家长和学生也不必太担心。一般来说，国外的大部分学校在开学之初都会组织学生学习有关避灾自救知识，并定期安排专门的火灾、地震等求生演习。由老师带领学生，参加正规的防灾演习，让学生亲自体验如何逃生和自救。比如，在新西兰和澳大利亚等学校，每年都会组织学生参与火灾、地震等求生演习的训练。有些国家会每两年举行一次。

除了自然灾害意外，国外某些地方也有可能发生一些种族骚乱、政变、国际恐怖活动等大型社会事件。如果中学生遇到枪击等突发事件，一定不要慌张，而是要学会寻求帮助，要知道如何躲藏，如何报警，等等。如果有民众游行等活动，很可能就会引发暴力冲突，

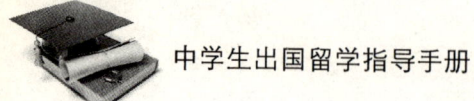

因此，学生要尽量留在学校内，注意安全。

虽然是中学生，但是也有可能会遭遇抢劫、财物遗失、交通事故等个人突发事件。如果遇到抢劫事件，不要慌乱，要沉着应对。一般来说，中学生遭遇抢劫的几率较低，但是也不可以放松警惕，且在留学的过程中一定要做到以下几点：

1. 外出时要与朋友结伴

要尽量与朋友一起出行，因为很多犯罪分子都会把目光放在一些单独出行的人身上，如果和朋友一起出行会相对安全。同行的伙伴越多，成为犯罪分子袭击目标的可能性就越小。此外，晚上最好不要出门，白天出门也尽量不要独自走僻静的小巷或人少的街区，要随身携带手机，如果感觉有可疑人跟踪自己，也不要害怕，而是要立即报警。这样做有利于警方抓住罪犯，避免更多的人受到侵害，也有助于政府防范、打击暴力事件，保护大家的人身安全。

2. 把出行信息告知老师或朋友

在国外留学的中学生，当由于一些原因必须要一个人出行时，最好把相关的出行信息以及电话号码告诉老师、同学或者好朋友，一旦发生意外，迟迟没有归来，大家也会根据这些相关线索很快找到学生。

3. 不要炫富

作为学生，不论如何富有，父母如何位高权重，都不要随便跟别人提及这些，好朋友也不宜谈论，陌生人就更不应该谈。中学生好胜心理和攀比心理比较严重，大家聚在一起很可能就会比一比谁家更有钱。这些信息如果传出去，可能就会给自己带来危险，因此，一定要随时提醒自己，绝对不能炫富，要知道什么话该说，什么话不该说。

4. 不要携带大量现金

有些父母担心孩子在国外开销大或者用钱不方便，因此给孩子准备大量现金，希望孩子可以生活得更舒心一些。其实，这样做对孩子的人身和财产安全来说非常不利。因为过多的现金常常会让孩子成为犯罪分子下手的目标。孩子在国外留学，最好使用银行卡、支票等支付工具，同时把护照、银行卡和支票号码进行备份，以便在遗失后可以及时准确地挂失、报案。

总之，中学生独自在国外，一定要有防险避灾的意识，懂得一些必要的自我逃生手段。这样，即使与父母远隔万里，也不会让父母太过担心。

保证心理健康

在众多的安全因素中，心理健康也是其中比较重要的一个方面。对于中学生来讲，心理健康同生理健康和人身安全一样，非常重要。

很多家长认为，孩子出国留学，只要人身安全得到保障就可以了，因此常常忽略了孩子的心理健康，其实这种认识和想法是错误的。孩子的健康既包括生理健康，也包括心理健康。尤其是当今社会，中学生的心理健康已经成为家庭、学校和社会关注的重点问题。孩子也只有在健康的心理状态下，才可能安心学习和生活，才能不辜负父母的期望。

现在的中学生多为独生子女，在家的时候，有亲人朋友的陪伴，习惯了父母的呵护和照顾，可是一旦到了国外，背井离乡，短时间

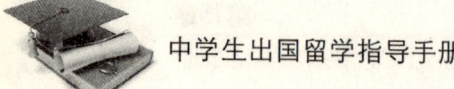

内很难适应当地的文化生活，举目无亲，孩子就会觉得孤独无助，思念家乡，由此就会引发一些心理方面的问题甚至疾病。而心理问题的治愈又不是一件轻而易举的事情，因此，父母们必须关注孩子的心理健康，争取对孩子的心理问题和心理疾病早发现、早解决、早治疗。

要想保证孩子的健康，家长就要时刻关注孩子的健康状况，在孩子出国前，应该带着孩子到医院做一个全身体检，包括牙齿检查。与此同时，家长还要考虑到孩子的心理稳定情况，然后再送其出国。当孩子抵达国外后，应尽快找到一个适当的健康机构来保证他的身心健康。

此外，当孩子出国之后，父母要尽可能多地与孩子沟通、联系。很多时候，孩子都特别需要家人的鼓励与关怀，因此，家长要时常问候孩子，关心孩子，要提醒孩子注意与外界保持联系。联系方式有很多种，如手机、固定电话、电子邮箱、MSN、传真等，在条件允许的情况下，也可使用卫星电话。

购买充足的保险

现在中国留学生的意外伤害和意外事故发生率较高，家长要想在孩子的安全方面无后顾之忧，最好为孩子购买充足的保险，这就等于送给孩子一个"保护伞"。

购买保险之前，有必要对保险的种类有一个初步了解。现在，针对海外留学生的保险种类主要有医疗保险、紧急救助保险、旅游

第八章
中学生出国留学如何保障安全

保险,以及被绑架和勒索的赎金保险。由于保险公司较多,家长在为孩子选择保险公司时,最好选择那些整体规模比较大、比较有实力、在国外网点分布比较广的公司,而且最好是那种在当地可以24小时提供支援服务的。家长千万不要只在意保费的高低。一般来说,境外保险的服务成本较高,如果选择了保费较低的公司,可能将无法兑现承诺的保障和服务,孩子的安全也将无法得到保障。因此,一定要权衡利弊,谨慎选择。

2011年,王女士把女儿送到美国读高中。在女儿出国之前,王女士担心自己女儿的人身安全,于是,在做好多方面的准备之后,又在一家知名度较高的保险公司为女儿买了一份境外留学保险。这种保险不光有境外救援、境外医疗,还有旅程延误、行李物品损失、延误等多项全面的保障,而且,对于发生意外造成的学业中断也会有所赔偿。

王女士给女儿投保的这种豪华型境外留学保险最大的好处就是,如果孩子遇到意外,可以及时获得救援服务。而且,这种保险还提供母语交流平台,咨询、预约、就诊等全部搞定,孩子在应对突发状况时,能够更准确地描述自己的紧急情况,得到更好的治疗和救援。

王女士说:"虽然这个险种的保费较高,但是保障特别全面,为了女儿的安全,还是很值的。最重要的是,给女儿买了这个保险,就好像给她找了一个贴身保镖,我们也少了很多担心。"

从王女士的案例中我们可以看出,现在很多家长为了保证孩子的人身安全,都有给孩子投保的意识和行动,关键问题就是要选对保险公司。从这一点来说,王女士是比较明智和幸运的,她没有计较保费的高低,给女儿买了一个护身符。当然如果某些公司的保费

确实非常昂贵,已经超出了留学生家庭的经济能力范围,家长就应该慎重考虑,毕竟一切都要以能够保障孩子的正常学习和生活为前提。

家长要做好后勤工作

孩子远在国外,家长在国内会日夜提心吊胆,生怕孩子出现什么问题。因此,家长就要在家里做好后勤工作。

家长除了要保证和孩子的沟通交流之外,还要多提醒孩子注意安全,时时为孩子敲响警钟。必要时,可以向孩子所在学校施压,让学校采取相应的保护措施,保证孩子在就读期间的人身安全。

如果在所有条件都允许的情况下,家长最好可以亲自到孩子留学的住处多了解一些情况,与孩子面对面地沟通,看孩子到底都会面临哪些问题,及时地为孩子找到解决的办法和策略,从而保证孩子的安全。

此外,中学生虽小,但也知道关心父母和家庭。如果在孩子出国之前,家里有什么重大事情没有处理,都一定要及时处理好,免得孩子出去后分心。还有一点,父母一定要给孩子足够的钱,让孩子可以安心地学习。但要注意,不能给孩子过多的钱,只要满足基本的学习和生活就可以,否则,容易让孩子产生放纵心理、虚荣心理、攀比心理,这样既影响学习,还容易引来一些不必要的麻烦。

第八章 中学生出国留学如何保障安全

选择正规可靠的中介才有完善的后续服务

目前，很多家长为了保证孩子可以尽快顺利地到国外就读，就选择了留学中介机构。但是，现实情况是，国内大部分留学中介机构，在学生出国后的安全防范方面做得很有限。在大多数中介机构看来，学生到国外读书后，应主要靠自己加强防范和自我保护，而他们只是起到一个桥梁的作用。

其实，中介机构不能保证国外学生安全的保障，很大原因是由于自身能力和范围的限制。根据调查，不少留学生为了尽快出国，或者贪图出国费用低廉，于是就选择了一些非法中介，往往到了国外就读的也是一些不太好的学校，所以容易出现一些安全问题。

因此，家长送孩子出国留学的时候，不但要选好学校，也一定要选择正规可靠的中介机构，要把孩子的安全问题考虑在内，让中介机构保证有完善的后续服务。这样孩子出国之后，安全问题才有保障。千万不要只图一时的便宜而耽误了孩子的前程，甚至一生。

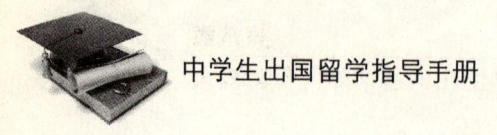

安全小贴士

1. 记好三个紧急电话

中学生到达国外之后，应在第一时间记下当地紧急求救中心、中国驻当地使（领）馆及学校的紧急联系电话，如遇突发事件，立刻拨打这三个电话。

2. 保管好自己的护照

身在国外，在寻求帮助的时候，一般都需要出示护照，用它来证明自己的身份。因此，留学生必须妥善保管自己的护照。由于中学生年龄小，保管物品的能力可能会稍有欠缺，所以，家长最好保留一份孩子护照的复印件，如果孩子不慎将护照遗失，可以提供备查的证据。

3. 记清楚交通规则

很多国家的交通规则或者习惯与国内都有很大的不同，因此，学生对留学国的交通状况应有所了解，例如，英国的机动车都是靠左行驶的，这与国内的习惯完全相反。当你穿越主要路口时，要特别留意地面上"注意左边"和"注意右边"的提示；澳大利亚大部分地区的公共交通都极不发达，主要是以私车交通为主，平时出行，需要步行或骑自行车。

第九章
国外中学的申请流程及相关学校介绍

国外中学众多,家长要想送孩子出国留学,不但要选择好的学校,还要选择对的学校。而且,家长还要了解各个国家中学的申请流程,以便顺利快速地给孩子办理好出国的相关事宜。

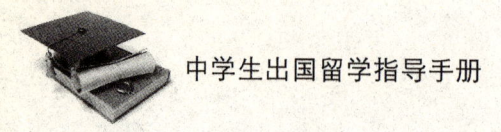

美国中学的申请流程

在讲美国中学的申请流程之前,先介绍一下美国中学的大体情况。

美国中学分为公立及私立两种,美国公立中学是由政府出资创办的学校,仅供当地学生就读,不需要学费。私立中学隶属于私人机构或宗教团体,由民间出资,供当地或外籍学生就读。美国私立中学一般为9~12年级(相当于中国的初三到高三)。如今,在美国有近2000所获得认证的私立中学,其中著名的私立中学有几百所,这些中学通常都设有才华奖学金和助学金。美国私立中学一年的费用是2~4万美元不等。

一般而言,如果学生能够进入美国著名私立中学上学,毕业后进入美国名校的可能性要远远大于公立中学。比如在纽约,有很多著名的私立中学,它们每年成功跨进常春藤学府的学生人数都会比市内的公立中学多很多。

据统计,在过去几年里,美国的私立中学毕业生成功进入哈佛、耶鲁、普林斯顿三所常春藤顶尖大学的比例,远远高于来自美国公立中学的学生,甚至有些著名私立高中的毕业生进入常春藤名校的比例,是公立高中学生的几十倍。

当然,这并不是说美国公立中学的学生都很差,其实他们的优秀学生也不会比一流私立中学的学生差,只是相对而言,私立中学学生的水平比较均匀,课程难度较高,师生比例较高,最主要的是,

第九章
国外中学的申请流程及相关学校介绍

私立学校非常重视学生上大学之前的辅导准备工作,这是公立中学未曾做到的。

以上这些也是美国中学受世界各国学生追捧的主要原因。一般来说,家长送孩子去美国读高中需遵循以下流程:

(1)填写申请表,缴纳报名费以及近期学习成绩(成绩需换算成,平均成绩点数,Grade poin Average,简称 GPA)等。

(2)准备好 TOEFL、SSAT、SLEP 等成绩以及推荐函和学校要求的其他材料。

(3)国外大部分学校截至 2 月 1 日停止接受 8 月份入学的学生申请,想要出国留学的学生要在截止日期前完成申请工作。

(4)学校在报名截止日期前,接到学生的报名资料后,需要 2~8 周左右的时间审核学生的资料。

(5)如果评估通过,学校会要求家长缴纳一定数额的保证金,然后签发学校正式录取函。家长要做好签字以及接受学校录取的工作。如果学生签证被拒签,部分学校会扣除少量金额的手续费,将余额退还家长。如果签证通过,则作为学费的一部分返还学生。当然,如果学生签证通过后,入读其他学校,则费用不退。

美国知名中学

卡尔弗特高中

学校简介

卡尔弗特高中(Calvert High School)位于美国俄亥俄州托莱多

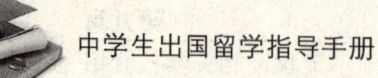

市，是一所男女学生都有的天主教高中，升学率98%，其中95%升入四年制大学，3%升入两年制大学。学校设立9～12年级，师生比例较高，为1:10。

学校优势

该校连续三年荣获美国天主教高中前50名的排名。全校ACT（American College Test，美国大学入学考试）的平均分为23分，相当于SAT1590分；前10%的学生平均分为25分，相当于SAT1700分。相对于其他美国教会中学来说，学习成绩较好。此外，该学校外国学生数量不多，拥有良好的语言学习环境，适合中国高中留学生的英语学习需要。

课程设置

在课程设置上，主要有俄亥俄州规定的基础课程和学校提供的12门课程。另外，前哨职业中心（Sentinel Career Center）与Terra社区大学合作开设大学学分课程；学校还准备了技术预备课程，主要包括农业科学技术、汽车制造、汽车碰撞试验以及建筑等。外语课程是法语和西班牙语，此外，还有国际交换生项目和在线远程教育课程。

所需费用及寄宿方式

学生入校后每年的总费用是33200美元（约合人民币20.9万元），学校不提供住宿，外籍学生需在当地家庭寄宿。

入学要求

① SLEP成绩：9年级48分以上，10～11年级51分以上；

② 近两年成绩单，平均分75分以上；

③ 个人陈述一份，推荐信两份；

④ 家庭存款证明一份；

⑤ 申请入学表一份。

毕业去向

美国各大知名高校如哈佛大学、耶鲁大学等均可报考。

圣温德林天主中学

学校简介

圣温德林天主中学（St. Wendelin Catholic School）成立于1887年，地处五大湖区，环境优美，师资力量雄厚，是俄亥俄州托莱多的百年老校。该校是美国私立顶级预备制男女混合高中，学校共设置7~12个年级，师生比例为1：10。

学校优势

学校的最大特色是大课教学，80分钟课堂制，每天4节课。较长的课时极大地保障了学生学习的连贯性。

课程设置

主要设置课程有：多门荣誉课程，多门外语课程。与Terra社区大学合作办学，与罗德斯学院（Lourdes University）合作办学，提供9门双录取课程。

所需费用及寄宿方式

学生每年的总费用为32000美元（约合人民币20万元），需寄宿在当地方庭走读。

入学要求

① SLEP成绩：9年级48分以上；10~11年级51分以上；

② 近两年成绩单：平均分为75分以上；

③ 个人陈述一份，推荐信两份；

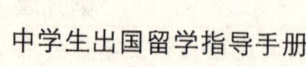

④ 家庭存款证明一份；

⑤ 申请表一份。

毕业去向

根据资料统计，2011年，在31名毕业生中，97%的学生升入大学，主要有加州大学、约翰卡罗尔大学、密歇根州立大学、圣母大学（诺特丹大学）、普渡大学等。

圣三一天主高中

学校简介

佛罗里达州奥克拉地区圣三一中学（Trinity Catholic High School）成立于2000年，是一所男女混合型学校，距离洛杉矶仅30分钟车程，距奥兰多仅1.5小时车程，拥有多门荣誉课程，毕业可进入多所名校。

学校共有教师44人，60%以上都具有硕士以上文凭，平均教龄为13.5年，共有学生520人，师生比例为1∶12。校园覆盖无线网络，校内共有32间教室，有图书馆、媒体中心、行政楼、多间计算机实验室等多种功能性场馆，另外还有午餐室、多间活动室、体育馆、咖啡厅、小教堂、音乐室、操场、橄榄球场、棒球场、足球场等各种活动场馆。在校学生组织成立了各种学生社团，如辩论社等。

学校优势

学校的环境非常优美，教学设施非常齐全，能为中国高中留学生提供良好的学习和生活条件。

课程设置

(1) 佛罗里达州教育部规定的基础课程。

(2) 多门荣誉课程

荣誉英语 I~IV、荣誉法语 III~IV、荣誉西班牙语 III~IV、荣誉世界史、荣誉美国史、荣誉经济学、荣誉美国政府论、荣誉微积分基础、荣誉微积分、荣誉代数 I~II、荣誉几何、荣誉物理、荣誉生物、荣誉化学、荣誉解剖学与生理学、荣誉经济学。

(3) 21 门 AP 课程

英语 I~IV（文学入门、世界文学、美国文学、英国文学）、生物、微积分 AB、统计学、英语文学与写作、英语与写作、音乐理论、摄影艺术、2D 设计、艺术史、西班牙语、美国史、世界史、美国政府论、微观经济学、宏观经济学、计算机科学、环境科学、地理。

(4) 大量特色课程

戏剧入门、公众演讲、新闻学 I~IV、电视制作 I~II、电影研究、艺术欣赏、艺术实践、制图、统计学、商务数学、网页设计、乐队组建、音乐欣赏、交响乐队、解剖学与生理学、美国内战与重建、民权运动、法律基础、心理学、社会学。

(5) 多门双学分课程

人体解剖学及生理学（8.0 个大学学分）、社会学基础（3.0 个大学学分）。

(6) 外语课程

外语课有法语、拉丁语、西班牙语等。

毕业生可以获得多项荣誉。超过半数的毕业生可以获得"远大前途"奖学金，2011 届毕业生共获得高达 500 万美元的大学奖学金。大部分毕业生可以很顺利地进入美国著名高校，如圣母大学、普渡大学、东北大学、佛罗里达州立大学、宾夕法尼亚大学、美国天主教大学、佛罗里达大学、迈阿密大学等。

另外，学校还会根据季节的不同，举行一系列的体育活动。这些体育活动不但丰富了学生们的业余文化生活,而且还有助于学生们增强体质,健康成长,从而更好地学习。

所需费用及寄宿方式

学生在校的年度总费用最少40000美元(约合人民币25万元),包括:学费、管理费、保险费、体育活动费、课外活动费、食宿费(10个月)、校服费、课本租赁费等。

学校实行校内寄宿制,提供食宿。

入学要求

① SLEP50分以上可正常逐级升学,低于50分需要复读入学前一年级的课程;

② 近两年成绩单,平均分在75分以上,在读证明;

③ 存款证明一份;

④ 父母身份证或者护照首页,签发I20(自费留学生的入学证明文件)时需要使用;

⑤ 个人陈述一封;

⑥ 推荐信两封,其中一封为英文老师的推荐信。

毕业去向

圣母大学、普渡大学、东北大学、佛罗里达州立大学、宾夕法尼亚大学、美国天主教大学、佛罗里达大学、迈阿密大学等。

圣安德鲁斯中学

学校简介

圣安德鲁斯中学(St. Andrew's School)成立于1962年,位于南佛罗里达地区,距离大西洋8公里,距离迈阿密半个小时左右车程。全校的SAT平均分为1710分,前25%平均2030分,前75%平

第九章　国外中学的申请流程及相关学校介绍

均 1848 分。学校设置 9~12 年级，属于男女混合学校，实行校内寄宿制。在校学生 600 余人，平均每班 15 人。共有教师 160 名，师生比例为 1∶9。

学校优势

对于中国学生来说，就读圣安德鲁斯中学有一个十分明显的好处，那就是学校提供 ESL 语言课程，该课程可以让中国学生短时间内显著提高英语水平，尽快适应国外的学习和生活。

课程设置

学校的课程包括以下几种：

（1）基础课程

代数Ⅰ、代数Ⅱ、几何、函数、统计、三角学、离散数学、微积分入门、英语、新闻学、演讲、世界文化和文学、创意写作、美国文化、计算机概论、计算机应用、网页设计、影像制作、电脑科技Ⅰ、概念物理、物理、化学、生物、生理解剖学、海洋科学Ⅰ、海洋科学Ⅱ等。

（2）AP 课程

艺术史、生物、微积分 AB、微积分 BC、化学、计算机科学 A、英语语言、英语文化、欧洲历史、法语、宏观经济、微观经济、音乐理论、物理 B、物理 C、西班牙语、西班牙文化、统计、可视化艺术、美国政府和政治、美国历史共计 22 门。

学校不但为学生提供了良好的学习环境，还为学生设置了大量的课外活动。另外，学校还专门针对男女同学而设置了不同的体育活动。另外，学校还为学生提供了 18 项校际运动，包括游泳、网球、高尔夫球、长曲棍球和篮球等，学校的篮球队在佛罗里达州内闻名遐迩。

所需费用及寄宿方式

学费为6~8年级每年21700美元（约合人民币13.6万元），9~12年级（走读）每年23600美元（约合人民币14.8万元），9~12年级（寄宿）每年41700美元（约合人民币26.2万元）。

学校为男女混合学校，可寄宿学校，可寄宿当地家庭走读。

入学要求

① SLEP50分以上可正常逐级升学，低于50分需要复读入学前一年级的课程；

② 近两年成绩单，平均分在75分以上，在读证明；

③ 存款证明一份；

④ 父母身份证或者护照首页（签发I20时需要使用）；

⑤ 个人陈述一封；

⑥ 推荐信两封，其中一封为英文老师的推荐信。

毕业去向

圣安德鲁斯中学99%的毕业生可以升入大学，包括：芝加哥大学、哥伦比亚大学、康奈尔大学、达特茅斯学院、密歇根大学、耶鲁大学、亚利桑那大学、波士顿学院、布兰迪斯大学、布朗大学、加州大学洛杉矶分校、加州大学圣地亚哥分校、加州理工大学、卡耐基梅隆大学等。

古斯通高中

学校简介

古斯通高中（Gunston Day School）建校于1911年，是一所私立的走读制男女混合学校。学校坐落在马里兰州风景如画的森特维尔，邻近巴尔的摩（Baltimore）国际机场，距离达伊斯顿30分钟车

第九章
国外中学的申请流程及相关学校介绍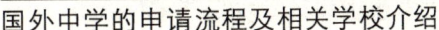

程,到达安纳波利斯仅需 35 分钟车程。学校共设 9~12 年级,145 名学生,平均每班八人,师生比例为 1∶6。除课程学习外,学校还有丰富的体育活动和课外活动,体育活动有马术、男女曲棍球、长柄曲棍球、高尔夫、男女足球、风帆、男女篮球、游泳、网球、赛艇等,课外活动有合唱合奏小组、户外活动、电视剧制作等。

学校优势

该校始终保持小班授课,这就方便教师充分了解每个学生的学习方式和积极参与的程度,并给予及时的指导。此外,该校十分重视学生在课外活动方面的发展,能够增强中国学生的实践能力和综合素质,而这一点正是现在中国中学生们较为缺乏的。

课程设置

学校虽然没有提供 ESL 语言课程,但对国际生提供英语辅导。主要课程如下:

(1) 学校课程

英语、历史、数学、科学、计算机科学、体育、高雅艺术、表演艺术、社区服务。

(2) AP 课程

微积分 AB、微积分 BC、生物、化学、物理、环境科学、西班牙语、拉丁语、美国历史、欧洲历史、艺术史。

(3) 荣誉课程

英语、世界文学、19 世纪中期英国小说、拉丁语、拉丁文学、几何、代数、化学、物理等。

所需费用及寄宿方式

每年学费 35000 美元(约合人民币 22 万元),学校实行走读制,外籍学生需在当地家庭寄宿。

入学要求

① SLEP50 分以上可以正常入学逐级升学，低于 50 分需要复读入学前一年级的课程；

② 近两年成绩单，平均分在 75 分以上，在读证明；

③ 存款证明一份；

④ 父母身份证或者护照首页；

⑤ 个人陈述一封；

⑥ 推荐信。

毕业去向

该校毕业生的升学率很高，升入的大学主要有：波士顿大学、卡耐基梅隆大学、凯斯西储大学、圣母大学、匹兹堡大学、南加州大学、佛蒙特大学、哥伦比亚大学、杜克大学、乔治·华盛顿大学、乔治城大学、约翰·霍普金斯大学、马里兰大学、宾夕法尼亚大学。

牛津中学

学校简介

牛津中学（the Oxford Academy）建于 1906 年，位于美国康涅狄格州，与布拉德国际机场很近，到波士顿及纽约只需要两小时车程，是一所私立寄宿制男子学校。

学校优势

该校师生比例为 1∶1，这就意味着学校能为中国学生提供 1 对 1 的指导教学，这一点在美国高中里并不常见。同时，该校提供的 ESL 课程也获得了学生和家长的极大肯定，能够让中国学生尽快熟悉美国生活，提高英语水平。

第九章
国外中学的申请流程及相关学校介绍

课程设置

该校设置的课程较为多样化，例如 AP 课程，主要教学生的英语文学及写作。其他课程主要有：英语及语言艺术、远古历史、现代史、欧洲史、美国历史、地理、电影历史、代数 I、代数 II、几何、三角学、高等数学、应用数学、统计学、初等微积分、微积分、计算机科学、学习技巧、音乐合作学习、心理学、经济学、社会学、生物、化学、概念物理、物理、海洋生物、植物学、电子学、环境科学、法语、德语、拉丁语、西班牙语、素描、绘画、摄影、艺术史。

此外，学校还为学生们提供了丰富多彩的体育活动，比如足球、篮球、网球、曲棍球、彩弹射击、举重、航海、登山、钓鱼、室内足球、飞盘、排球等。

所需费用及寄宿方式

学费每年 40000 美元（约合人民币 25 万元）学校实行寄宿制，提供食宿。

入学要求

① 近两年成绩单：平均分 75 分以上；

② 个人陈述一份，推荐信两份；

③ 家庭存款证明一份；

④ 申请表。

毕业去向

学生毕业后大都可以升入以下大学：波士顿大学、加利福尼亚大学、纽约大学、佐治亚理工学院、凯斯西储大学、伦斯勒理工学院、威斯康星大学、杜兰大学、普渡大学、匹兹堡大学、康涅狄格大学、印第安纳大学、特拉华大学、美国大学、克拉克大学、斯蒂文斯理工学院、霍华德大学。

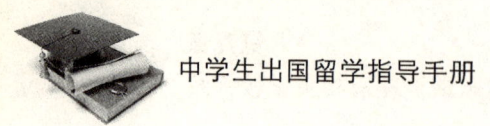

梅西女子中学

学校简介

梅西女子中学（Our Lady of Mercy）位于纽约州罗彻斯特（Rochester）郊区的布赖顿（Brighton），成立于1928年。在校生约为700多人，国际生超过20人。该校2011年SAT平均分高达1746分，ACT平均分为26分。

学校优势

与其他美国女子中学相比，该校教师的平均教龄较长，大部分教师的从教时间都超过了9年。这就意味着，教师有较为丰富的经验，足以解决中国学生出现的各种状况，为中国学生提供最好的教育和帮助。

课程设置

学校课程设置严格按照纽约高中文凭标准设立，开设所有基础课程的同时，还开设了13门AP课程（室内艺术3D、英语文学、法语、拉丁语、西班牙语、微积分、生物、化学、预备世界历史、世界历史、美国历史、欧洲历史、心理学）以及多门荣誉课程，而且还对中国学生开设了ESL课程。

此外，梅西中学还为学生准备了很多课外活动和体育项目，课外活动主要有俱乐部、学生领导团队与表演艺术等，学校鼓励学生积极参加课外活动，以此获得全面的发展。体育活动主要有篮球、保龄球、高尔夫球、拉拉队、垒球、越野、网球、田径、游泳等。学校拥有43支体育竞技团队，70%的学生都可以参与其中。

所需费用及寄宿方式

学校施行寄宿制，学生在校的全年总费用为33000美元（约合

第九章
国外中学的申请流程及相关学校介绍

人民币 20.8 万元），主要包括一年学费、10 个月的食宿费、交通费、医疗保险以及活动费。

入学要求

学生若要入读梅西女子中学，需准备好以下申请材料：

① 近 2 年成绩单，在读证明；

② 申请表；

③ 推荐信一封，个人陈述一份；

④ 需要面试；

⑤ 存款证明（涵盖 2 年学费即可）；

⑥ SLEP 成绩：7~9 年级 40 分以上，10~11 年级 50 分以上。

毕业去向

优秀毕业生进入的大学有：哈佛大学、布朗大学、杜克大学、美国大学等名校。

英国中学的申请流程

1. 确定留学计划

中学生要想去英国留学，首先要综合考虑自身的学习成绩、学习能力、英语水平、年龄、性别等多方面的因素，然后制订一个最适合自己的留学计划，确定将要申请的英国中学及需要另外加读的语言课程。

2. 提供申请资料

学生在申请英国高中的时候，应提供的相关资料包括：初中毕业证、初中三年成绩单、高中在校证明、高中阶段成绩单、在读学校简介、两封老师推荐信、自我介绍短文（英文约五百字）、各类获奖证书、资助人资金证明。

3. 支付注册费（报名费）

如果学校通过了学生的申请，会要求学生支付不可退还的学校注册费（报名费）并进行审理或寄出试题。一般情况，学校会收取50～300英镑（人民币500～3000元）不等的注册费，不同学校会有所不同。

4. 入学测试

在学生的申请通过之后，学校通常会将英语、数学试题寄给学生，要求学生在规定的时间内完成测试。

5. 学校预录取

如果学生的测试及申请资料评估全部通过了学校的申请，学校会发出预录取通知书，并要求学生在规定的期限内支付学位押金。一般来说，寄宿学校学位押金相当于一学期学费，其他学校为500～2000英镑（5000～20000元人民币）不等。学生在该校完成学习任务后，学校会将学位押金全部退还。

6. 学校正式录取

学校收到学位押金后，会向学生发出正式录取通知书。一部分英国的顶尖中学需要学生去英国学校面试，面试通过后才能正式录取。由于面试结果难以预测，而它又决定了学生最终能否被录取，因此，申请该类学校的学生，最好申请一所可以保证录取的学校，避免出现一些不顺利的情况。

7. 签证

学生得到学校正式录取通知书后，在开学前的三个月内办理好

第九章
国外中学的申请流程及相关学校介绍

英国学生签证,同时做好一切行前准备工作。

英国知名中学

切尔西学院

学校简介

切尔西学院(Chelsea Independent College)创立于1952年,它位于英国伦敦市中心,在白金汉宫附近,紧邻海德公园、博物馆、泰晤士河等世界著名景点,旅游参观资源丰富。切尔西学院对面就是英超四大豪之一的切尔西足球队,附近就是福海姆地铁站,交通非常便利。

学校优势

该校的最大优势是升学率。该校毕业生的升学率很高,很多学生都能进入英国的知名院校。在切尔西学院毕业的学生中,19%的学生被牛津、剑桥录取,49%的学生升入英国排名前五的大学,66%的学生升入英国排名前十的大学,87%的学生升入英国排名前20的大学。此外,该校所有学生会考成绩为A与B即A+B成绩的比例达到75%左右。

课程设置

课程设置非常具体,初中生需要完成2年或1年GCSE(普通中等教育证书,General Certificate of Secondary Education)课程和

IGCSE（国际学生普通中等教育证书，International General Certificat of Secondary Education）课程。高中生需要完成2年、18个月或1年的A-Level课程（普通中等教育证书考试高级水平课程，General Certificate of Education Adaonced Level，简称A-Level课程），A-Level课程在中国开设数学、进阶数学（高等数学）、物理、计算机、会计学、商业学、经济学等课程供学生选择。

大学本科预科需要完成大学预备课程（University Foundation Year），高中预科需要完成高中预备课程（Preparatory Studies for A-Level）。此外，学院还安排了英语语言课程及暑期学校课程等。

学生在业余时间，还可以参加很多业余活动。学校为学生组织多种类型的课外活动，如电影俱乐部、舞蹈俱乐部、各项体育俱乐部等，此外还组织学生参加各类社会活动。为了更好地提高学生的成绩，帮助学生尽快成长起来，学校与学生的父母和监护人会保持紧密的联系，定期寄送学生的成绩单，并组织学生家长会，让学生家长有机会与学校的校长及教学人员进行交流，这样就形成了家长与学校同步教育孩子的局面，对孩子的成长十分有利。

所需费用及寄宿方式

（1）GCSE课程学费：每学期约4000英镑（约合人民币40000元）。

（2）A-Level与高中预科课程学费：每学期约5000英镑（约合人民币50000元）。

（3）大学本科预科课程学费：每学期约3500英镑（约合人民币35000元）。

（4）语言课程：每学期约1200英镑（约合人民币12000元）。

（5）注册费用：每人175英镑（约合人民币1800元）。

学校施行实行校内寄宿制。

入学要求

① 入读 GCSE&IGCSE 课程，要求初中在读或初中毕业，年满 14 周岁，雅思成绩 5.0；

② 入读 A-Level 课程，要求初中毕业或高中在读，雅思 5.0；

③ 入读大学预科课程，要求高中毕业，雅思 5.0（9 月入学）；雅思 5.5（1 月入学）。

毕业去向

学生毕业后多数都顺利地升入了英国的顶级名校，如牛津、剑桥、伦敦大学学院、帝国理工学院等。

伦敦安培德中学

学校简介

英国伦敦安培德中学（Mander Portman Woodward，简称 MPW）是一所声望很高的私立学院。它位于英国很出名的南肯辛顿地区的 Queen's Gate，深受英国学生的欢迎。学校致力于培养学生考入牛津、剑桥、帝国理工学院等全世界屈指可数的名牌大学，开设了 A-Level 课程。自建校以来，学校已经成功地向牛津、剑桥输送了 60 多位高材生，还有 200 多位学生进入了英国排名前 10 的顶级大学。

现在，该校共有学生 450 人左右，其中 80% 为英国本土学生，20% 为国际学生，他们大都来自中国、中国台湾、越南、韩国、法国、俄罗斯、日本、泰国、缅甸等国家或地区。

学校优势

该校与牛津大学和剑桥大学之间有密切联系，大多数毕业生都能够进入这两所高校进修，因此学校会根据这两所高校的筛选要求，

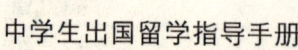

对学生进行有针对性的培养,这一点对于大多数中国留学生来说是十分难得的。

课程设置

学校在课程设置上与其他国家的学校有所不同。所有的英国本土学生在上大学之前,必须要通过至少3~4门英国的A-Level科目考试,这种考试类似于中国的高考,目的是可以对学生的成绩有一个综合评判。

此外,学校还开设了41门A-Level课程:数学、高等数学、物理、化学、生物、经济、法律、商业、会计、英语文学、法语、历史、政治、艺术、音乐、心理学、地理、传媒、等等,学生可根据自己的兴趣和爱好有针对性地进行选择。在这些课程中,数学、高等数学、物理、经济、商业和心理学等科目比较受中国学生欢迎。

一般来说,第一年的新生需要读4门A-Level科目和英语雅思强化课程。第二年学生一般都会集中精力继续学其中的3门,如果雅思成绩能够达到6.5或7分,就可以停止学习英语强化课程。另外,学校为了提高学生进入牛津、剑桥的几率,还为报考牛津、剑桥的学生做额外的思维能力以及面试技巧等方面的训练。

所需费用及寄宿方式

学生在办理登记手续的时候,需要缴纳160英镑(约合人民币1600元)的注册费。

新录取的学生需要在中国缴纳2000英镑(约合人民币20000元)的押金,学校会出具押金收据,并在最后一个学期中抵扣学费或者完成两年课程后全额退还。

每学期学费6985英镑(约合人民币70000元)。

学校实行寄宿制,所有海外学生均可住在学生公寓之中。

入学要求

申请安培德中学的要求主要有以下几点:

① 雅思5.0,没有雅思成绩或雅思成绩没有达到5.0的学生均须参加校方英语测试;

② 高一或高二学生,年龄16周岁以上;

③ 须通过校长或招生负责人亲自的面试。

毕业去向

该校的毕业生,有90%的学生进入了英国前20名的大学,70%的学生进入了前10名的大学,50%进入了前5名的大学。

贝勒比斯学院

学校简介

贝勒比斯学院(Bellerbys College),成立于1959年,是英国最著名且专为国际学生所设的国际学院,包括布莱顿、剑桥、伦敦和牛津四个校区。在过去的10年里,该校有3500多名国际学生通过了大学预科课程以及A-Level课程,顺利进入英国各大学学习。

学校优势

在英国众多中学中,贝勒比斯学院有非常明显的优势:

(1) 该校拥有50年英国预科教育经验的权威专家。

(2) 实行小班授课,1对1专师辅导。

(3) 一年学制,升学捷径,无需雅思成绩。

(4) 100%保证升读英国50所顶尖大学。

(5) 语言与学术教育相结合:7种大学专业预科学术衔接课程提升学生的升学竞争力。

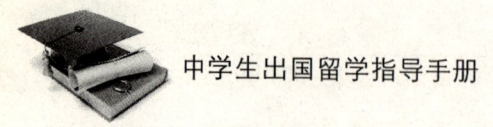

课程设置

学校每年设有三个学期,而且课程设置丰富,设有 GCSE 预备课程、GCSE 课程、A-Level 课程、大学预科课程、大学商科文凭课程、预科课程+商科文凭课程、硕士预备课程、研究生资格课程(MQP)、英语语言课程、贝勒比斯暑假课程、雅思快速通道课程等。

所需费用及寄宿方式

GCSE 课程每学期 6130 英镑(约合人民币 60000 元),A-Level 课程每学期 6490 英镑(约合人民币 65000 元),大学预科课程每学期 5640 英镑(约合人民币 57000 元)。

住宿分 5 种方式供学生选择:

(1)标准学生宿舍

单人或双人间,配备衣柜和书桌,公用淋浴和卫生间设施,大部分房间配备盥洗池,包含早餐和晚餐,布莱顿分校提供单人或双人间,剑桥分校只提供单人间。

(2)学院宿舍套间

单人或双人间,配备衣柜和书桌,独立的卫生间,配备淋浴、厕所和盥洗设施,包含早餐和晚餐,布莱顿分校提供单人或双人间,剑桥和伦敦分校只提供单人间。

(3)学院自炊式学生宿舍

单人或双人间,配备衣柜和书桌,独立的卫生间,配备淋浴、厕所和盥洗设施,共用厨房设施,牛津分校提供单人或双人间,伦敦分校只提供单人间。

(4)标准寄宿家庭

适合年龄稍长的、喜欢相对比较独立但又希望在一个关切协助的家庭氛围中生活的学生,可选择单人间或双人间,全套设施的学生房间,每周七日,每日提供两餐,可以使用电话。

第九章
国外中学的申请流程及相关学校介绍

（5）附加服务寄宿家庭

为年轻学生提供高水平的协助和监护服务，16周岁以下的学生必须选择此类型的寄宿家庭，可选择单人间或双人间，全套设施的学生房间，每周七日，每日提供两餐，可以使用电话。

入学要求

① 入读GCSE课程：年龄要求14岁，雅思成绩为4.5，由之前就读的学校出具相关成绩的证明；

② 入读A-Level课程：年龄在15.5岁以上，雅思成绩为5.5，5门GCSE课程分数在C以上，完成国内高一及以上课程；

③ 入读大学预科课程：年龄在16.5岁以上；雅思成绩为4.5；完成国内中高二或以上课程。

毕业去向

优秀学生可进入牛津、剑桥等世界知名学府。

诺丁汉比尔伯乐高级中学

学校简介

诺丁汉比尔伯乐高级中学（Bilborough College）始建于1957年，坐落于充满活力的大学城诺丁汉的西部，是一所英国公立的高级中学学校，相当于中国的重点高中。创建伊始以小学教育为主，后于1973年晋升为高级中学，距今已有半个世纪之久。从成立至今，比尔伯乐高级中学已经取得不少辉煌成就。在全英高级中学学校排名中荣列前十。学校吸引了众多追求卓越、挑战极限的学子。

学校优势

（1）升学率

学校的很多学生在完成A-Level课程学习后进升入高等院校。

在过去的三年中,升学率高达73%。

(2) 社会实践机会

中国学生在校学习期间,不仅可以学到丰富多彩的文化课程,还可以享受学校为他们提供的100多项不同的社会活动及社会实践机会。学校每年定期为学生举办各种旅游活动,例如,去欧洲其他国家参观学校,以此开阔学生的眼界,增长见识,提高学生进入社会之后的竞争力等。

(3) 个人导师制

所有学生都会得到个人导师的悉心辅助和指导。在学校学习期间,每一位学生每天都要与导师见面,以加强彼此的了解。对于学生最新关注的问题,导师要提供支持和建议,使学生可以学习和了解更多的课外知识。

(4) 专门负责牛津、剑桥学校申请的协调教师

这一点可以帮助和指导那些想申请牛津、剑桥大学的中国学生们更顺利地进入此类学校。

课程设置

该校所设A-Level课程范围广泛,学生可以在超过30门科目中自由选择课程。其中,艺术、会计、生物、化学、物理、数学、计算机、信息管理、经济、电子学、传媒、心理学、社会学、法律、音乐制作、舞蹈及表演等比较适合海外留学生。

所需费用及寄宿方式

两年的A-Level课程共需13000英镑(约合人民币13万元),此外还有每年1000英镑(约合人民币1万元)的其他管理服务费用。

为了使海外留学生可以安心在学校读书,学校还为海外学生安排了相应的寄宿家庭。家庭寄宿每周需要90~100英镑(约合人民币900~1000元),早晚两餐。在住宿问题上,无论是服从学校的安

第九章
国外中学的申请流程及相关学校介绍

排，还是留学生自主选择都是非常便利的。

入学要求

学生要想进入诺丁汉比尔伯乐高级中学就读，需要具备以下条件：

① 具有中国高中一年学历；

② 雅思成绩 5.5～6.0 或相应的英语成绩，或通过学校的面试；

③ 具有优越的家庭背景。

注：学生申请时需要出示相关证明，如父母的公司网页等。

毕业去向

优秀学生可顺利进入牛津、剑桥等世界知名大学深造。

剑桥教育集团

学校简介

剑桥教育集团（Cambridge Education Group）建校于 1985 年，位于世界著名的学术中心——剑桥市中心，是一所英国知名私立学校，总部在英国的剑桥城。集团下属共有五所学校，分别是 CATS 剑桥学院、剑桥视觉及表演艺术学校、CATS 坎特伯雷学院、Stafford House 英语学校、Stafford House 假期英语学校。

学校优势

（1）自选科目组合

学生可以根据自己的学术优势、发展方向和兴趣爱好来选择科目组合，学院配有经验丰富的升学辅导教师，帮助学生选择最佳的课程组合以达到最理想的升学目标。

（2）直属指导老师

该校拥有一批敬业的指导老师，他们会为中国学生提供各种生

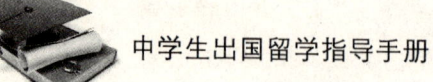

活和学习上的帮助，以便于他们顺利通过 UCAS（Universities and Colleges Admissions Service，大学和学院招生服务中心）考试，最终升入理想的英国及国际知名大学。

课程设置

在课程设置上，剑桥教育集团面向英国本土及国际学生提供英国传统的 GCSE 和 A-Level 课程。CATS 剑桥学院共有四十几门 A-Level 科目和二十几门 GCSE 课程可供选择，另外还有 Pre Programme、一年快速 A-level、剑桥 Pre-U、大学预科、研究生预科、学术英语。除了传统的 A-level 课程外，学院还为将来希望升读美国大学的学生提供 SATS 辅导。学院还为非英语母语的国际学生开设学术英语辅助课程。

所需费用及寄宿方式

学院有十几座学生宿舍楼和几处 18 岁以上学生的公寓，每幢宿舍楼都有学院的老师常年管理。部分学生还可以住在当地的接待家庭。

学习费用：

① GCSE/Pre Programme 课程，每学期 8225 英镑（约合人民币 82000 元）；

② 研究生预科学费每，5175 英镑（约合人民币 52000 元）；

③ 剑桥 Pre—U/大学预科，每学期 8225 英镑（约合人民币 82000 元）。

住宿费用：

① 寄宿家庭住宿单人间：每学期 2375 英镑（约合人民币 24000 元）；

② 学生宿舍双人间：不带卫浴每学期 2250 英镑（约合人民币 22000 元），带卫浴每学期 2375 英镑（约合人民币 24000 元）；

第九章
国外中学的申请流程及相关学校介绍

③ 学生宿舍单人间：不带卫浴每学期 3030 英镑（约合人民币 30300 元），带卫浴每学期 3330 英镑（约合人民币 33000 元）。

入学要求

需要初中毕业证、初中三年成绩单，高中在读学生需要高中在校证明、高中阶段成绩单，在读学校简介以及两封老师推荐信，家庭资金证明等。

毕业去向

学校毕业生大多进入半岛医学院、伦敦政治经济学院、杜伦大学和爱丁堡大学等著名学府。

澳大利亚中学的申请流程

在澳大利亚，留学是国内的重要产业之一，与其他国家相比，其对外开放程度较高，例如，澳大利亚的高中可以直接接收外国留学生入读。也许有的家长会觉得如此轻易就可以进入澳大利亚的学校就读，那么教学质量和学校环境等应该都不会太好。其实不然，到澳大利亚就读高中，应该是外国留学生一个相当不错的选择。在这里，留学生不但可以享受澳大利亚高质量的高中教学，还可以通过澳大利亚当地的高考进入澳大利亚优秀的重点大学。

在介绍澳大利亚中学的申请流程之前，需要给家长们提出几点申请之前的注意事项，具体如下：

1. 严格的时间和年龄要求

首先，澳大利亚的高中对留学生的年龄和时间要求相对严格，

 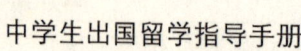

这是因为初中和高中之间的课程联系相对紧密，而且在连续就读的过程中，留学生本身对空白时间相对敏感，因此为了照顾学习的连续性和留学生的心理，建议留学生最好能够连续学习初中和高中课程。

2. 初三到高一是最佳的申请时期

中学生最好在初三到高一这个时期选择去澳大利亚留学，因为在这个时间段，申请的课程相对较为连贯。例如，初三学生正好可以申请澳大利亚中学十年级课程，这对于留学生来说正好可以达到连续就读的目的。

3. 提前学习语言课程

留学生在到澳大利亚就读高中之前，需要参加大约五个月的语言课程，因为澳大利亚中学的开学时间是每年的 1 月份，所以，留学生要在申请当年的 7 月份到达澳大利亚学习语言课程，为澳大利亚的正式学习做好准备。

申请澳大利亚中学的流程如下：

（1）根据学生所在的中学成绩情况、个人规划、个人喜好进行择校。

（2）进行语言测试或者准备语言考试。

（3）准备申请入学所需材料，包括学历证明、成绩单、语言成绩证明等资料。

（4）收到录取通知书后办理留学签证，准备体检。

（5）根据开学时间订购机票，出国入学。

最后，补充一点，中国初三学生因为中考的缘故比其他年级的结课时间更早，所以，这类学生想申请澳大利亚的高中，就必须在初三的下半学期开始办理出国的各项手续。这样，到 6 月份毕业后，就可以直接转入澳大利亚的语言学校，开始在澳大利亚的学习。否

第九章
国外中学的申请流程及相关学校介绍

则,就可能会因为时间差异而导致学生不能在开学时间进入学校学习。

澳大利亚知名中学

堪培拉政府中学

学校简介

堪培拉的政府中学(ACT Government Schools)是堪培拉教育局下属的一类学校,在澳大利亚知名度很高,而且得到的评价也很高,堪培拉的高中毕业生大学升学率高达全国之首。在堪培拉政府中学,数理毕业生可以获得堪培拉直辖市十二年级证书。

学校优势

该类学校拥有一种独特的评分方式,学生在初中和高中毕业时不需要参加联合公开考试。此外,学生在申请大学时的总成绩是按平时在校分数计算,这对于中国学生来说,是一种较为轻松的成绩计算模式。

课程设置

在课程设置上包括英语、数学、科学、体育、外语、社会及环境学习等基础学科以及各种社会实践活动。

所需费用及寄宿方式

关于学费和生活费的情况如下:

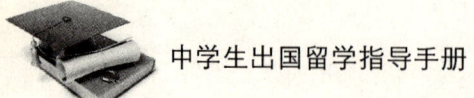

① 申请费是 220 澳元（约合人民币 1400 元）；

② 每年的学费为 13500 澳元（约合人民币 86000 元）；

③ 每年的生活费为 12000 澳元（约合人民币 77000 元）。

学校实行家庭寄宿制与校内住宿制结合的方式。

入学要求

一般而言，学习成绩良好、品德优良、身体健康的初三下学期在读生、应届初中毕业生和高一、高二适龄在校生都可报读此类学校。具体要求如下：

① 1 封班主任推荐信；

② 学历和成绩单公证；

③ 初中英语毕业成绩 75 分以上；

④ 申请材料投递给教育局；

⑤ 国际学生申请截止日期是开学前 3 个月。

毕业去向

学生毕业后，大都可以进入大学或职业教育学院继续学习和深造。

昆士兰政府中学

学校简介

昆士兰政府中学（Queensland Government Schools）共有 300 多所（8～12 年级），广泛地分布于昆士兰州的各个地区，其中有 29 所招收海外学生。所有昆士兰政府中学都是男女混合教育的学校。为了积极响应昆州政府的教育策略，近年来，各学校都集中提高所有学生的学习水平，进一步改善师生间的互动关系，为学生创造了更多的学习和体验机会，向学生提供了更加全面的帮助，开设了崭

第九章
国外中学的申请流程及相关学校介绍

新的高中生升学通道。

学校优势

（1）小班教育。

（2）世界一流的设施和丰富的文体、音乐、艺术等参与机会。

（3）拥有世界一流的信息技术设备。

（4）提供广泛的学习机会。

（5）定期向家长提供关于学生学业发展的全面的书面报告。

（6）专设国际学生协调员。

课程设置

昆士兰政府中学向海外学生提供的课程主要集中在八个方面：英语、数学、科学、体育、外语、社会及环境学习、技术和艺术。在当地高中就读的学生，一般选修六门课程学习。这些课程都与学生今后的职业取向或大学升学目标相应。

所需费用及寄宿方式

所需费用情况如下：

（1）10年级的学费是每年7950澳元（约合人民币51000元）。

（2）11、12年级的学费是每年9500澳元（约合人民币61000元）。

（3）每年的生活费为12000～15000澳元（约合人民币77000～96000元）。

以上费用仅作为参考，具体情况以各学校公布为准。

学校实行家庭寄宿制，寄宿家庭的标准如下：

（1）寄宿家庭有很好的条件，并且离学校很近。

（2）每周七天，每天都为学生准备三餐。

（3）为学生提供单间居住条件，有床、桌子和衣橱。

(4) 所有为国际学生提供寄宿服务的家庭都接受适应性培训和警方的检查。

入学要求

年龄不超过 18 岁,学习成绩良好、品德优良、身体健康的初三下学期在读生,应届初中毕业生,或者高一、高二适龄在校生均有资格报读昆士兰政府中学。

毕业去向

毕业生都可以顺利进入英国各个大学,继续学习和深造。

巴尔温高中

学校简介

巴尔温高中(Balwyn High School)建校于 1954 年,是一所男女混合的大型公立学校,拥有 1900 名来自 53 个国家的学生。校址位于墨尔本市东部约 10 公里,有公交汽车和电车直通。

巴尔温高中是墨尔本公立高中中十分优秀的学校,无论是学术还是学生的个人发展空间对学生都非常有利。学校校风严谨,非常重视学生的素质和教育背景。但是,有一点,目前这个学校只招收海外 11 年级的学生,而且申请难度较大,需要有电话面试、写作面试。

学校优势

巴尔温中学的教学大纲旨在鼓励学生全面发展,让学生置身于灿烂的知识海洋,为他们打下坚实的基础。学校拥有一批高水准的教师,他们以其丰富的教学经验为海外学生提供了丰富的学习内容和具有挑战性的学术探索,因而保持历届学生能持续取得优异的高考成绩。另外,学校还开展丰富多彩的课余活动,展现多元文化的

第九章
国外中学的申请流程及相关学校介绍

魅力。

课程设置

（1）11年级学生一般选读6门课（12个学分），英语课为必修课。

（2）12年级学生一般选读5门课（10个学分），英语课为必修课。

（3）学校开设53门VCE（维多利亚省证书教育，Victoria Certificate of Education）课程。

（4）选修课程包括汉语、法语和希腊语。

（5）开设墨尔本大学和蒙纳什大学的大学延伸课程。

所需费用及寄宿方式

每年学费会有变动，2011年10年级：12210澳元（约合人民币78000元）；11、12年级：13640澳元（约合人民币87000元）。

校服费用300~500澳元（约合人民币2000~3200元）。

在当地家庭寄宿，费用为每周250~270澳元（约合人民币1600~1800元）。

入学要求

一般学习成绩良好、身体健康的初三下学期在读生，应届初中毕业生，或高一、高二适龄在校生均有资格报读。

毕业去向

可报考澳大利亚的知名大学，也可进入英美等知名学府。

布莱克本高中

学校简介

布莱克本高中（Blackburn High School）位于墨尔本的东区，

是一个非常安全、适合居住的地区，学校距离交通车站约为10分钟。该校学术成绩优异，在音乐方面的造诣也很高，学校硬件及软件设施一流。

学校成立于1956年，主要为学生提供初中以及高中的教学需求，输送了大批学生进入澳大利亚各大名牌大学进行进一步深造和学习。

学校优势

该校的音乐教育在澳大利亚首屈一指，如果学生在音乐方面具备相关素质，学校将根据学生自身特点为其量身制订一个学习计划，并提供包括交响乐、管弦乐、爵士乐以及合唱的兴趣培养。对于一些在音乐方面有特长的中国学生来说，该校无疑是留学澳大利亚的首选学校。

课程设置

学校的特色教学项目为音乐表演，并涉及科学、数学等社会学课程。

所需费用及寄宿方式

学费每年13090澳元（约合人民币84000元），生活费每年10000~18000澳元（约合人民币6.4~11.5万元）。

在当地家庭寄宿，寄宿家庭可为孩子提供一个安全且拥有良好英语学习的环境。

入学要求

入学条件比较宽松，初中品学兼优即可，高中GPA（平均成绩点数，Grade Point Average）要达到3分以上，原始成绩平均应该达到85分。

第九章
国外中学的申请流程及相关学校介绍

毕业去向

澳大利亚各大名牌大学。

圣母女子学院

学校简介

圣母女子学院（Mater christi college）是澳大利亚著名的私立女子中学，由天主教会主办，位于墨尔本的贝尔格雷夫（Belgrave），学校距墨尔本市中心仅一个小时的车程。学校成立于1963年，于1989年开始招收国际学生。

学校优势

学校的课程皆精心设计，以适应具有不同兴趣和能力的各种学生的需要。

圣母女子学院的教师全部具有大学以上学历，大部分具有双学位或硕士文凭。经过严格挑选的优秀教师队伍，致力于帮助每个学生走上成功之路，使学生的全部潜能得以充分发挥。

圣母女子学院是墨尔本大学所推举的中学之一，学费在澳大利亚优秀私立中学中为最低。

每年有四次开学，适应不同情况的学生。

课程设置

学生可在圣母女子学院学习7～12年级的课程，并参加维多利亚州政府考试，主要课程包括：数学、科学、语言、商业、信息技术、艺术及宗教等，小班授课，课堂气氛活跃。商科在全澳所有中学中名列前茅。

所需费用及寄宿方式

学费每年30361澳元（约合人民币19.4万元），住宿费每年

18834澳元（约合人民币12万元）。

住宿方面，可选择学校住宿或寄宿家庭。学校为国际学生提供安全、温馨的住宿环境，室内各项设施齐全。

入学要求

比较容易申请，一般初中毕业生或是高一、高二学生可以直接报考。

毕业去向

毕业成绩合格者可升入澳大利亚所有的大学继续深造。

阿德雷德大学附属中学

学校简介

阿德雷德大学附属中学（University Senior College at Adelaide University，简称USC）是阿德雷德地区很有名的优秀公立高中，该校师资力量雄厚，校风严谨，学术表现一流，一直深受众多学生和家长的青睐。

学校优势

该校学费较为低廉，适合一些经济条件并不十分宽裕的中国家庭。

课程设置

课程包括英语、数学、科学、体育、外语、社会及环境学习等基础学科以及各种社会实践活动，学校是南澳地区最具特色的学校，能够提供法语、德语、意大利语、日语、拉丁语、中文、西班牙语等多语种教学。

所需费用及寄宿方式

每年平均生活费为6500澳元（约合人民币4.2万元），实行家庭寄宿制。

入学要求

初中毕业,在读的高一或高二学生,在过去两年内课程平均分在 70 分以上,学生在校期间品行良好,学习努力即可报考。

毕业去向

97% 的学生可以升入澳大利亚各大学继续深造。

查尔斯—坎贝尔中学

学校简介

查尔斯—坎贝尔中学(Charles Campbell Secondary School)位于阿德雷德北边的 Paradise,创立于 1958 年,距离市中心 7 公里,乘坐公交车 15~20 分钟即到达市中心。目前,查尔斯~坎贝尔中学提供 8 到 12 年级的教育,注重学生的德智体全面发展,以培养学生获得卓越成就为目标。该校共有学生 1000 多名,其中有 120 名国际学生。该校课程众多,其中,舞蹈、戏剧、音乐等表演艺术课程尤为突出。

学校优势

该校的优势在于舞蹈课程设置,在舞蹈方面具有天分的中国学生可以通过就读该校,从而获得接触舞蹈高等教育的机会。

课程设置

表演艺术、戏剧、舞蹈、音乐、亚洲重点院校研究、职业教育工程、国际教育等。

所需费用及寄宿方式

学费:每年 10500 澳元(约合人民币 6.7 万元)。

海外学生医疗保险：每学年 320 澳元（约合人民币 2050 元）。

学习材料押金（可退还）：500 澳元（约合人民币 3200 元）。

综合服务与管理费（仅第一学年缴纳）：500 澳元（约合人民币 3200 元）。

每年综合服务费：300 澳元（约合人民币 2000 元）。

接机费：100 澳元（约合人民币 640 元）。

学校实行在当地家庭寄宿制。

家庭寄宿费（每周）：220 澳元（约合人民币 1400 元）。

寄宿家庭安置费：200 澳元（约合人民币 1300 元）。

家庭寄宿管理费：200 澳元（约合人民币 1300 元）。

寄宿家庭押金（可退还）：400 澳元（约合人民币 2560 元）。

入学要求

① 申请表一份；

② 初中毕业或高中在读证明；

③ 申请入读 11 年级的学生要求雅思 5.0 分，申请入读 12 年级的学生要求雅思 5.5 分；

④ 来自教师、学校领导或地区领导的两封推荐信。

毕业去向

毕业后可申请澳大利亚所有的大学继续深造。

圣艾夫斯公立中学

学校简介

圣艾夫斯公立中学（St. Ives High School）成立于 1963 年，是一所男女同校的政府高中。该校历史悠久，学风极佳，管理严格，是公立中学里的"精英"，大部分学生都能进入"八大名校"。该校

第九章
国外中学的申请流程及相关学校介绍

位于悉尼北部最富裕的圣艾夫斯区,距悉尼市中心仅有25分钟车程。目前,学校有学生约900人,其中国际学生共有60多人。

学校优势

该校专门为听力有残缺的学生成立了服务小组,这为存在听力障碍的中国学生提供了极大便利。

课程设置

课程方面,在日语、经济学、ESL英文、数学、中文、信息处理技术等学科有极强的教学实力。

所需费用及寄宿方式

每年学费12900澳元(约合人民币8.3万元),生活费每年10000~18000澳元(约合人民币6.4~11.5万元)。

学校实行家庭寄宿制。

入学要求

高中生GPA达到3分即可报考。

毕业去向

学生毕业后大都可以进入重点院校继续学习。

布列克赫斯特公立中学

学校简介

布列克赫斯特公立中学(Blakehurst High School)是一所综合性男女同校的专业化语言教育高中,学校位于悉尼市中心南部中产阶级地区,交通便利。学校附近有华人商店和华人医生。

该校有会说中文的老师负责联系中国家长,照顾海外留学生方面很有经验。目前,学校约有1100名学生,其中大约有60名国际

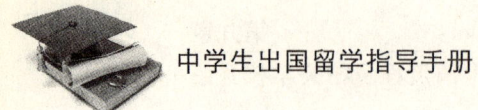

学生。

学校优势

在澳大利亚中学中，该校在语言类教育方面拥有显著优势，有利于中国学生提高外语水平，尽快融入澳大利亚的学习与生活。

课程设置

该校是一所综合性的语言特色学校，包括了7～12年级的课程。该校开设的课程十分丰富，学生在文科、外语类科目的成绩尤其突出。学校专门设置了国际学生课程，针对需要强化学习的国际学生开设11年级准备性课程，主要是语言类课程、HSC（the High School Certificate，中等教育证书）、英语、数学、科学和商务学课程。另外还有针对国际学生11～12年级的科学和商务学课外扩展课程。

所需费用及寄宿方式

学费每年12900澳元（约合人民币8.3万元），生活费10000～18000澳元/年（约合人民币6.4～11.5万元）。

住宿方面，可以选择住在学生公寓内，也可以找寄宿家庭居住。

入学要求

高中学生GPA达到3分都可以报考。

毕业去向

毕业学生进入悉尼大学和新南威尔士州立大学的人数居多，往届中国留学生也有被牛津等一流大学录取的。

第九章
国外中学的申请流程及相关学校介绍

加拿大中学的申请流程

申请加拿大中学的一般流程如下:

(1) 衡量自身财政状况,确保到时能提供确实的资金和"财产证明",以保证学费,并取得大使馆的认同。

(2) 确保自己未触犯过法律,没有违法记录。

(3) 向一所可提供学习机会在加拿大注册的高中提出申请。

(4) 当获得校方回函后,交纳学费,并着手办理下列文件:

① 银行存单:以此向大使馆证明经济能力,存款时间最好长一点,而且需要转存证明,如果是近期存进的,要想出合理的理由,否则大使馆会怀疑你的经济实力,以为我们的存单是借钱凑的;同时,还要请银行提供"存款证明"(注意:存款证明有有效期,不要开得"过早",而且银行会在有效期内冻结所证明的这笔存款);

② 证券、汽车、房产的证明:它们的作用与存单类似,需要到公证机构公证;

③ 必要的学历证明:必须拥有高中毕业证(加拿大学校欢迎的是高中毕业生去加拿大读预科,也算是高中。如果是高三学生则要有"在学证明",待得到毕业证后补交大使馆,这样可不耽误办理签证的进度),同时还要附上高中三年的成绩单(最好留一副本给所在校,因为大使馆官员可能会打电话到学校核实)。

(5) 当得到学校正式录取通知书后,应携带录取通知书、户口、身份证、毕业证或在学证明到公安机关申请护照。步骤如下:

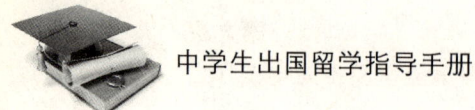

① 到国家"指定"地点照护照照片、翻译通知书；

② 带上述文件通过一审；

③ 获得学校同意，要有校长签字和学校党组织的公章；

④ 通过二审，同意签发护照。

(6) 申请学生签证

这是最后也是最关键的一步。申请人要做的就是让大使馆相信自己有充足的资金，资金量按每年20000美元再乘以你计划留学的年数计算，并且没有移民倾向。

因此你需要向大使馆出具以下材料：

① 财产证明：上面提到的需要办理的文件；

② 经济担保人愿意担保的证明：包括申请人与担保人关系的证明（如父子关系）；

③ 录取通知、学历证明；

④ 大使馆要求出具的其他文件；

⑤ 准备一篇关于"为什么要到加拿大读书"的文章，这是充分证明自己无"移民倾向"的最好机会，不要空泛，要尽量贴近事实，使签证官看出申请人归国的决心。

(7) 等待面试，获得签证。

第九章

国外中学的申请流程及相关学校介绍

加拿大知名中学

布鲁克林学院

学校简介

布鲁克林学院（Brooklyn College）位于国际大都市多伦多，这里名校密集，学术气氛浓郁。其前身为当地私立高中 Next Page Private High School。布鲁克林学院位于美丽幽静的 Lesmill 大街，地处多伦多知名富人区，周围居民以加拿大本地白人为主。学校附近交通便捷。

学校优势

该校最大的优势在于师资方面。所有课程都由大学教授直接监督，几乎所有授课讲师都来自大学，有利于中国学生尽早为未来大学的深造打下坚实的基础。

课程设置

学院提供 9～12 年级高中课程、大学预科课程，以及 ESL 语言强化课程。学校实行小班授课，平均一个班级约十个学生，同时分小组讨论和辅导，课堂上，老师可以更好地关注每个学生，及时帮助他们解决问题。除了正式的学术课程，布鲁克林学院每天都提供一节额外的英语免费辅导课。

为了使学生顺利进入大学，学校针对国际学生，设计最科学合

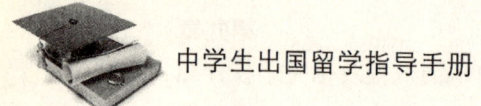

理的教学方案,使学生尽快掌握西方的学习方法;帮助他们在相应的实践活动中体会和领悟所学的知识。

所需费用及寄宿方式

学费为每年12000加币(约合人民币7.5万元)。

在住宿方面,学院拥有自己的别墅式学生公寓,可为学生安排全面的餐饮服务,根据学生实际情况有3种食宿方案供选择,解除家长的后顾之忧。专职老师将与学生同住,对学生实行24小时全面监督照顾,对学生关怀备至。

入学要求

想要入读加拿大布鲁克林学院各阶段的学生需要满足的标准:

(1)入读高中课程:布鲁克林学院9～12年级,接收初三至高三各个级别的学生申请。在中国已获得高中成绩的,可以转移到布鲁克林学院继续修读,直至修满30个学分,获得加拿大高中毕业证。

(2)入读大学预科班:高二结束、高三在读或高三毕业生。

(3)入读名校保送班:高二结束、高三在读或高三毕业生,相当于雅思5.0的语言程度和GPA 3分。

毕业去向

优秀的学生可以升入多伦多大学、皇后大学、麦吉尔大学、西安大略大学等世界名校。

兰里教育局

学校简介

兰里教育局(Langley School District)是BC省(Province of British Columbia,不列颠哥伦比亚省,或称卑诗省)最大的学区之一。学区所在城市兰里是个极安全又友善的社区,具有小城市的气

第九章
国外中学的申请流程及相关学校介绍

氛和浓厚的社区精神。兰里地区风景旖旎,资源丰富,工业发达,科技先进,教育力量雄厚。兰里的气候十分温和,夏天干晴,气温在摄氏 23 度到 30 度之间。兰里冬天的气温通常在摄氏 5 度到 10 度之间,气温基本上都在零度以上,而且很少下雪。

学校优势

申请入学的条件比较低。多年来,兰里教育局在为学生提供高质量的课程方面取得并保持了良好的声誉,并为国际学生提供强有力的支持,包括 ESL 支持。

课程设置

设有英语语言课程、小学和中学课程、AP 课程和 IB 课程(International Baccalaureate Diploma Programme,国际预科证书课程),严谨和多元的学科设置使学生都能打下良好的基础。

所需费用及寄宿方式

学费每年 12500 加元(约合人民币 7.8 万元),实行家庭寄宿制,寄宿家庭费用每月 750 加元(约合人民币 4700 元)。

入学要求

申请条件较为宽松,有最近两年的学习成绩单、在读成绩单以及护照即可申请入学。

毕业去向

优秀学生可以顺利地进入北美著名大学就读。

新威斯敏斯特教育局

学校简介

新威斯敏斯特教育局(New Westminster School District)是加

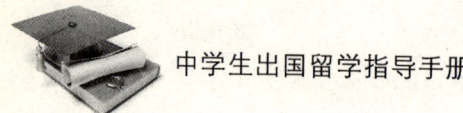

拿大最早接受国际学生的公立学区之一,始于 1987 年。不同的社会和文化背景的结合,在学校中形成一个丰富多样的氛围。目前,新威斯敏斯特地区共有本地学生 406 名,英语作为第二语言的学生 609 名,823 名法国学生和 256 名全日制成人学生。这些学生共有 400 多个教师。

学校优势

英文学习环境良好,学生成绩优异,特别是数理化等学科,为教育局学区优势教学科目。

课程设置

新威斯敏斯特学区提供 BC 省中学毕业课程、IB 课程、法语沉浸课程、美术课程、密集英语课程、暑期和短期课程等,选修课程有会计、美术、化学、乐队、生物、微积分、化学、合唱团、制衣及纺织、电脑、绘图、戏剧、法文、地理、几何、日文、新闻学、法律、领袖训练、市场学、摄影、物理、心理学、科学及技术、西班牙文、木工。其中 IB 课程、法语沉浸课程及美术课程是最受欢迎的课程。

所需费用及寄宿方式

学费每年 12000 加元(约合人民币 7.5 万元),住宿费每月 800 加元(约合人民币 5000 元)。

学校实行家庭寄宿制。

毕业去向

升学率高达 95% 以上,大多学生顺利进入美加地区的知名学府。

第九章
国外中学的申请流程及相关学校介绍

列治文教育局

学校简介

列治文公立教育局（Richmond School District）下属有11所中学，41所小学。该教育局具备优良师资和教学环境。所有教师都经过专业训练，并持加拿大政府颁发的教师执照。列治文学区提供完整的服务，接受8到12年级的国际学生申请进入中学就读，公立学校约有12500位小学生和11000位中学生。教职人员积极地给予学生个人学习、寄宿家庭或职业规划等方面的指导。

学校优势

（1）列治文教育局的教学质量在BC省最高，尤其适合以勤奋闻名的中国学生。

（2）有些高中具有英语和法语的双语环境，学生可学习除英语外的第二外语法语。

（3）每个学校都有一些会说中文的老师，中国留学生在初期适应方面都会得到这些老师的帮助。

课程设置

学校提供不同程度的学术、技术、商业和信息等课程供学生选读，并为学生设计创新的课程。中学每班人数不超过32人，ESL课程每班不超过20人，学生每学期可修读四门中学科目，一个学年可修读八门中学科目，10~12年级的课程一般为：

10年级：英语、数学、社会学、科学、健康教育、企划课程及两门选修课。

11年级：英语、数学、社会学、科学及四门选修课。

12年级：英语、数学、科学及五门选修课。

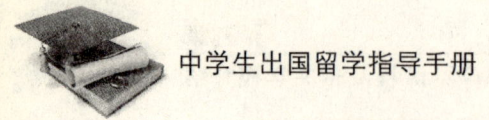

所需费用及寄宿方式

学费每年 12400 加元（约合人民币 7.8 万元），医疗保险每年 800 加元（约合人民币 5000 元）。学校实行家庭寄宿制，可依学生需求由学校代为安排与当地寄宿家庭同住，住宿费每月 850 加元（约合人民币 5300 元）。

入学要求

申请比较宽松，提供两年以内的学习成绩单即可。

毕业去向

毕业后可报考加拿大及美国的知名大学继续深造。

素里教育局

学校简介

素里教育局（Surrey School District）位于加拿大西海岸，距离温哥华市中心 30 分钟的车程。国际学生可充分享受在世界级的体育设施内进行市内运动和活动，也可以在当地的表演艺术场所享受艺术、音乐、戏剧和舞蹈演出。素里教育局每个学校的国际学生都插班于本地学生班级中，以确保他们有一个良好的语言学习环境。

学校优势

素里教育局是加拿大第五大校区，BC 省最大的公立学校，下属 100 多所小学和 20 多所中学，可选学校范围广。学区为学生提供广泛的支持性服务，如多文化工作者、学术顾问、ESL 课程等服务，对孩子有很大帮助。国际学生可与加拿大学生充分融合，因此，国际学生能够很好地体验到当地的文化。另外，学区每所学校只允许招收有限的国际生，以便照顾国际学生教育独特性的需要，更好地

第九章
国外中学的申请流程及相关学校介绍

挖掘其潜力，有利于国际学生的语言学习。很多学校都有法语浸入式课程，对有志于学习第二外语的学生很有帮助。

课程设置

学生可根据自己的情况挑选一般的学术课程和专业课程，除了学习必修的专业课程，学生们还可选择参加各种各样的课外活动，包括音乐、戏剧、足球、篮球、棒球、排球、曲棍球、冰壶运动、高尔夫球、游泳、网球、滑雪和田径。完成所有规定课程的国际学生将与当地学生一样获得相同的 BC 省高中文凭。

所需费用及寄宿方式

学费每年 12100 加元（约合人民币 7.6 万元），医疗保险每年 700 加元（约合人民币 4400 元）。

学校实行家庭寄宿制，住宿费每月 850 加元（约合人民币 5300 元）。

入学要求

申请条件比较宽松，有毕业证以及近两年的成绩单即可报考。

毕业去向

毕业后可以报考加拿大以及美国的知名大学继续深造。

新西兰中学的申请流程

申请留学新西兰中学的步骤有以下几步：

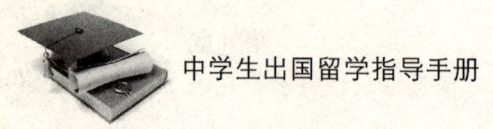

1. 满足新西兰学校高中的申请条件

(1) 初中毕业，或高一、高二在读。

(2) 中学平均成绩 70～80 分，85 分以上可以申请好学校。

(3) 年龄在 18 岁以下。

(4) 无英语要求，可以申请双录取。

(5) 经济担保：60～90 万元人民币（根据所选学校和学费来定）。

2. 选择学校和专业

留学新西兰的学生一般都是以移民为目的，因此，学生最好可以根据自己的兴趣特长来选择专业，目前比较热门的移民专业有教育、IT、工程、西厨、园艺、会计、护理等。至于选择学校，最好不要以选择名校为目的，因为新西兰教育体制严谨，除非非常优秀的学生，否则很难进入名校。相对而言，理工学院和私立学校更注重实践，更有利于将来学成就业。

3. 申请学校

(1) 申请大学本科一般需要 10～30 个工作日。

(2) 申请理工学院需要 10 个工作日左右。

(3) 申请语言课程需要 10 个工作日左右。

(4) 申请大学硕士需要 1～2 个月。

向所申请的新西兰学校提供其所需要的申请材料，然后等候申请学校的录取通知书。

4. 预约签证面谈

收到申请学校的录取通知书后，到新西兰大使馆指定的银行购买预先付费的加密电话卡，或者登录签证信息话务中心的网站购买所需密码。然后，致电签证信息话务中心预约签证面谈时间或询问签证问题。申请者于致电前准备好下列信息：申请人全名、护照号

第九章
国外中学的申请流程及相关学校介绍

码、身份证号码、联系方式、在华常住地及以前是否被拒签过等。

5. 填写签证申请表格

(1) 在网上填写英文的 DS-160 电子签证申请表。填写完毕后，将所有页打印出来（共 3 页），于签证面谈时递交。

(2) 将一张 5cm×5cm 的彩照粘贴在英文的 DS-160 表上。照片必须是 6 个月内拍摄的白底正面照。

6. 签证面谈

(1) 面谈当天携带所有签证及所需材料。注意非申请人不能陪同进入签证大厅。签证面谈时，每位申请人都须单独向签证官证明自己的个人情况。申请人需事先做好准备，以便面谈时能够在没有亲属或法律代表陪同的情况下，单独向签证官说明自己在中国的约束力和此次赴新西兰的旅行目的等。唯一例外的是 13 岁以下的孩子可以由成年亲属陪同参加面谈。于某些特殊情况下，残疾人可有陪同人。

(2) 接受安检时，不要随身携带任何电子产品和包。申请人只能携带跟签证申请相关的文件。

(3) 在指定窗口递交签证申请表及材料，之后等待指纹扫描和签证面谈。

(4) 申请获得批准后，使馆会在面谈后的 5 个工作日内邮寄签证给申请人。如需加急服务，也可选择在面谈后的第 2 个工作日到指定的邮局自取签证。某些特殊情况，如申请需进行行政审理及需补充支持材料或需进行打假调查等，可能会影响到签证申请的审理速度。

7. 拿到签证，准备入学

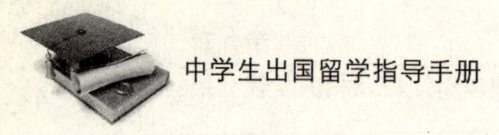

新西兰知名中学

蒙特艾伯特中学

学校简介

蒙特艾伯特中学（Mount Albert Grammar School）建于 1922 年，位于新西兰最大的城市奥克兰，离市中心只有 15 分钟的车程，距奥克兰国际机场只需 20 分钟车种，是一所国立男子学校。现有在校留学生 120 多名，大都来自中国、日本、泰国、韩国、印尼、越南、斐济等国。2000 年，该校在校园内开设了一个单独的女子学校，招收 9~12 年级的女生，从 2004 年开始招收 13 年级的女生。

学校优势

具有优良的传统和良好的校风，注重学术成就，紧跟时代步伐，其严谨的教育体制获得 ISO9001 国际质量体系认证。

课程设置

申请者可以选择学习全部的国家中学证书课程、FORM6 课程、大学助学金及奖学金资格课程。另外，留学生还有额外的英语课程。如果学生英语水平不够，学校还会让其在专门英语学校的英语辅导班学习一个学期。此外，学校还设有广泛的课外活动，涉及音乐、集体和个人的体育课程等。

具体课程有：会计、农学、园艺、艺术史、艺术设计、生物、

第九章
国外中学的申请流程及相关学校介绍

化学、物理、数学、应用数学、微积分、统计学、结构学、科学、技术、计算机、地理、历史、经济学、家庭经济、英语、日语、法语、德语、汉语、拉丁语、音乐、体育、新闻学等。

所需费用及寄宿方式

除学校公寓可安排100名男生住宿外,学生可去当地家庭寄宿或作其他安排。

蒙特艾伯特中学的学费为每年12000新西兰元(约合人民币6万元),学校公寓住宿费为每年7200新西兰元(约合人民币3.6万元),能住来自新西兰及海外的100名学生(男生)。寄宿家庭的费用为每周200新西兰元(约合人民币1000元),家庭寄宿服务费为200新西兰元(约合人民币1000元)。

入学要求

学校全年招生,但欲在11~13年级获得各种资格的学生需在2月初开学的第一学期入学。

毕业去向

毕业后可以报考新西兰、澳大利亚以及英美等知名的学府继续深造。

昂斯洛中学

学校简介

昂斯洛中学(Onslow College)创建于1956年,是一所公立学校,位于距惠灵顿市中心以北10分钟车程的郊区约翰维尔。当地有大型购物中心,大面积灌木及公园。学校文化体育设施齐全,新建的体育馆、图书馆、艺术中心和计算机设施都极具特色。

学校优势

昂斯洛中学的教学完全以学生为中心,有着坚实的教学传统,教导学生成为独立的学习者。学校为学生的生活、学习和职业选择提供指导和监护。ESOL (English for Speakers of Other Languages,讲其他语言者的英语课)系为学生提供不同程度的英语课程。

课程设置

学校开设的课程多种多样,包括商业计算机、文字处理及中文、信息技术、会计学、经济学、摄影、艺术设计、商科、数学、园艺、音乐、日语、德语、法语、体育等科目。学校注重学生学习的同时,还为学生准备了丰富的课外活动,比如滑雪、划船、高尔夫球、徒步旅行、合唱、冬令营及夏令营团体运动项目等。

所需费用及寄宿方式

该校每年的学费大约11500新西兰元(约合人民币5.8万元),寄宿家庭为每周200新西兰元(约合人民币1000元),寄宿家庭支持费为每年750新西兰元(约合人民币3800元),医疗保险为每年418新西兰元(约合人民币2100元)。

学生可自行安排住宿,如果不愿意自行安排,可由校方为学生安排在当地家庭寄宿的事宜。

入学要求

国内高二或高二以下在读生均可申请,申请时需在读学校的成绩证明,并用中英文填写入学申请表。学校需了解每位申请入学学生的基本情况,包括学生的学业、性格及英语水平。

毕业去向

毕业后可以报考新西兰、澳大利亚以及英美等知名的学府继续深造。

第九章
国外中学的申请流程及相关学校介绍

玫瑰山中学

学校简介

玫瑰山中学（Rosehill College）位于奥克兰帕帕库拉住宅区，为该地区最好的中学之一。距奥克兰商业中心30分钟车程，距国际机场15分钟车程。因其优秀的教学质量和学生们的卓越表现，玫瑰山中学一直在国际上享有盛誉。国际学生来自德国、西班牙、日本以及韩国等十多个国家。

学校优势

学校教学设备先进，并拥有一套成熟的管理系统，能给学生无微不至的照顾，保证学生都能有很好的学习成绩。学校还为学生提供多样的课外活动。

课程设置

在课程设置上，学校为9~13年级的学生提供广泛的课程，包括：会计、商学、计算机、经济学、金融管理、办公系统、英语、社会学、平面设计和数学等。学生将参加一、二、三级全国教育成绩证书考试，使学生获得在新西兰及国际公认的中学学历。另外，学校提供ESOL课程，以便帮助非英语国家的学生尽快适应新西兰中学学习。而且，学校还提供毛利语、法语、德语、日语、西班牙语以及中文课程，以供有志于学习第二外语的学生学习和自我提高。

所需费用及寄宿方式

在玫瑰山中学，第一年需要缴纳注册费500新西兰元（约合人民币2500元）；每年的学费为12000新西兰元（约合人民币6.08万元）；家庭寄宿费（包三餐），每周为215新西兰元（约合人民币1100元）；寄宿家庭管理费为每年500新西兰元（约合人民币2500

元)。

读玫瑰山中学的所有国际学生,都必须住在学校安排的寄宿家庭以及学校认可并严格监管的监护人家庭里。校区以内会有校车负责接送。

入学要求

学习成绩良好、品德优良、身体健康的适龄在校生均可报名申请。学校每学年共有四个学期,每年2月初开学,北半球的学生可以在7月中旬入学,这是第三个学期的开始。绝大部分国际学生都是在第一学期注册入学。

毕业去向

学生毕业后可以报考新西兰的八所公立大学,也可以报考其他承认其学历国家的大学继续深造。

格伦德卫中学

学校简介

格伦德卫中学(Glendowie College)成立于1961年,位于素有"航海之城"的新西兰最大城市奥克兰市,是新西兰著名的公立学校。学校周边为奥克兰最著名的居民区,离奥克兰市中心仅15分钟车程。优越的地理位置为学生的学习、参加体育和休闲活动提供了极大的便利。

学校优势

(1) 格伦德卫中学始终保持着极高的升学率,学校与新西兰当地的大学及其他高等院校保持着密切的联系,并为即将毕业的学生提供升学指导服务。

(2) 学生规模比较小,实行小班授课,易于老师对学生更为细

第九章
国外中学的申请流程及相关学校介绍

心的照顾，学生之间的相互交流也更加容易。

（3）学校教室、各类实验室、最新的计算机教育中心、现代化的音乐教室和练习室等各类教学场所设施完备先进。

（4）学校还为非英语国家的学生开设了英语强化中心。

课程设置

格伦德卫中学严格遵守新西兰政府的规定设置相应的课程，主要包括：语言、自然科学、数学、人类学、社会科学、技术和艺术等。学生在该校毕业后，格伦德卫中学将颁发所有新西兰高等中学的学历，这些学历证书包括：国际认可的英语作为第二语言资格证书，如雅思和托福（12 和 13 年级），国家学校证书（National School Certificate，11 年级），国家六年级证书（National Sixth Form Certificate，12 年级），国家大学奖学金/入学奖学金证书（National Bursaries，13 年级），新西兰教育信托奖学金（New Zealand Educational Trust Scholarship，13 年级），其中有些高级的学历是学生进入大学、理工学院、教师进修学院和其他高等教育机构学习的基本要求。

为了使海外留学生尽快提高英语水平，适应当地的学习和生活，格伦德卫中学还为来自于非英语国家的学生提供了英语强化课程。学校选派专门的老师对学生进行小规模的教学，学生可根据自己的英语水平有选择地进行学习。学生在学习英语的同时，还可以到普通班级里修读一些基础课程，例如数学和自然科学等。当海外学生的英语水平提高到一个令校方满意的程度时，该学生就可以从英语作为第二语言的课程中毕业。

所需费用及寄宿方式

每年的学费约为 14000 新西兰元（约合人民币 7.1 万元），家庭寄宿费用每年为 10800 新西兰元（约合人民币 5.5 万元），另加寄宿

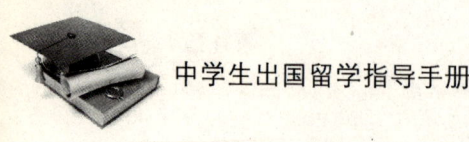

安置费 350 新西兰元（约合人民币 1800 元）。

实行家庭寄宿制，格伦德卫中学鼓励每一位海外学生居住在新西兰当地人的家中，因为这样便于学生更好地体验新西兰的家庭生活，从而尽快地提高自己的外语水平。

入学要求

初中毕业或是高中在读生即可拿两年内的成绩单进行报考，学校的报名截止日期为每年的 10 月 31 日。

毕业去向

学生毕业后可以报考新西兰本地的八所公立大学，也可以报考英美的知名大学继续深造。

第十章
中学生在国外留学必须回避的雷区

中学生到一个完全陌生的国家留学，需要注意很多方面，一些在国内无关痛痒的小事往往在国外就变成严重的事，一些在国内常开的玩笑到了国外后果也许很严重，甚至是一些食品到了某些国家也不能随便吃了……

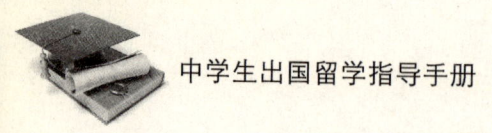

不能在书本上乱做记号

在中国，学生在书本上做标记、记笔记是学习认真刻苦的体现，老师和家长们都非常愿意看到一本写满了字的书。但如果家长要送孩子出国，在这点上就得注意了，最好提前叮嘱孩子，国外是不能轻易在书本上做笔记的。

比如美国就有一项规定，只要书本够整洁干净，就可以回收再利用。基本上美国的教材都是循环利用的，也就是说学生用过的图书可以以一定价格退回给相应部门，然后这些书本会给下一届的学生使用。当然，如果学生不想把自己的书卖掉的话，也可以在上面涂画。但不管是考虑环保还是经济，最好不要在书上有任何笔迹，甚至不要在上面写自己的名字和班级。如果书是从书店买的，一定要记得留下收据，等到不想选择这门功课或者是学完了，就可以以旧书换一笔钱，利人利己。

不能称黑人同学 Negro

Negro 一词在中国是黑人的意思。但是如果在国外，千万不要当着黑人同学的面叫他 Negro，这是很不礼貌的。Negro 一词在国外

第十章
中学生在国外留学必须回避的雷区

就是类似于"黑鬼"的意思,一般除了黑人兄弟之间彼此玩笑自嘲,其他肤色的人群都不要说。

当留学生和白人同学讲到黑人的话题时,可以用 Black 一词代替 Negro。

别在外国人面前脱鞋、系鞋带

外国人大多随性,在中国人眼里就是大大咧咧,但这并不意味着外国人对于生活细节不讲究。他们有很多生活规则,海外留学生一定要了解并且遵循,比如不能当着其他人的面脱掉自己的鞋子。在一些外国人眼里,这是非常无知的野蛮行为。当然,如果留学生在自己的卧室或者是跟关系非常亲密的朋友之间,倒是可以随意一点。

除了当面脱鞋,拉扯袜子也是很不礼貌的。比如留学生若是在美国待上一段时间,就会发现美国人的鞋带若是松了,他们也会躲到没有人的地方去系。

以上需要注意的行为在中国来讲是十分自然的,但是在国外这却是需要回避的"雷区",出国留学的中学生一定要注意。因为出门在外,尊重外国人的文化和生活,是起码的礼貌。

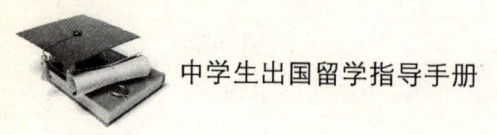

不能随便称呼对方为老师，要称呼教授

在国外，一般老师都喜欢被人称之为教授，毕竟职务高一些的称呼听上去更令人享受。所以留学生在跟自己的老师打招呼的时候可得注意了，如果认识，可以用姓氏加"教授"二字来称呼。另外需要注意的是，除了不能把老师称呼为老师，也不要把老师称呼为先生。

不要和同性同学一起跳舞

在国外的社交礼仪里，同性是不能一起跳舞的。如果留学生为了和同学们打成一片从而选择和同性朋友们一起跳双人舞，是会遭受责备的。

特别是在美国，和同性跳舞是不成熟的表现，更是同性恋的一种表现。所以如果留学生的性取向正常，即使找不到异性舞伴，也不能选择和同性一起跳舞。

第十章
中学生在国外留学必须回避的雷区

不要夜间单独乘地铁

国外的安全一直是最大的问题。留学生在国外千万不要单独乘坐夜间的地铁,因为那里面非常脏乱,很多黑社会成员、吸毒分子、盗窃者、流氓和贩毒者全都聚集其中,致使暴力和流血事件频繁发生。

最关键的是,如果留学生在晚间乘坐地铁出了事,外国的警察不会同情,更不会热情地帮你去解决问题,甚至还会反过来责怪留学生为什么要在夜间乘坐地铁。

不能过分谦虚

谦虚是中华民族的传统美德。在中国,不谦虚的人会被认为骄傲自负。可是留学生去到国外后,一定要注意,千万不要总是谦虚地说自己哪方面不好。比如留学生在和美国人交流的时候,说自己的英语水平很差,但在接下来的交流过程中却又说出一口流利而地道的英语,这样的表现会让对方觉得被欺骗了,他们会认为面前的留学生虚伪、喜欢撒谎、口是心非、装腔作势,不值得交往。

所以在国外,如果某方面真的优秀,就勇敢大方地接受别人的

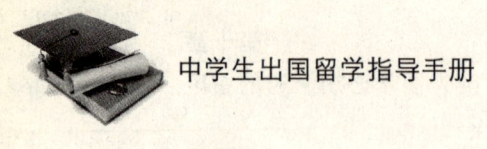

夸赞。

不要随便搭乘陌生人的车

热情开朗是大部分外国人的天性，但哪个国家都有坏人，留学生看到有人热情地邀你搭乘顺风车时，不是认识的朋友或者同学、老师，最好别去坐。特别是女留学生，在保护自己的人身安全方面尤其要注意。

不能随便说"I am sorry"或威胁别人

中国人一般会在犯错之后说"对不起"或者"抱歉"。但在国外的留学生却不能轻易地说"I am sorry"。

因为在国外，"I am sorry"代表说话者承认这件事情的犯错主要责任人是自己。留学生切记在某些带有纠纷的事件上，不要说这句话，不然到时候对方追究自己的责任就麻烦了。

当然，在需要表示歉意的时候，多讲一些"Excuse me"这样的话还是挺好的。

另外更需要注意的是，不能随便威胁他人，即使是开玩笑也

第十章
中学生在国外留学必须回避的雷区

不行。

一名中国在美留学生因为停车位的问题和一名美国大学生吵了起来,中国留学生脾气比较暴躁,说了句"你给我小心点,别不知道自己是怎么死的",谁知美国大学生听到这话立马报警,说中国留学生威胁要让他死。因为这句话,中国留学生被带到警察局审问并且关押了好几天,直到后来才被学校保释出来,而且在警察局留下不良的案底。

国外对于涉恐行为非常紧张,任何人只要发出恐怖威胁,警察就会立马出动抓捕。因此中国留学生到了国外,千万不能随口讲一些威胁到别人人身安全的话。甚至连"你给我小心点""小心我收拾你""我跟你拼了"之类的话也绝对不能说。

不能在同学面前伸舌头

中国学生在不好意思的时候,有时会以吐舌头的可爱方式掩饰尴尬。但如果去了国外,就不要再这样做了。因为一些外国人认为在别人面前伸舌头是下流的行为,像是耍流氓。甚至有些敏感的美国人会把这个动作当成是瞧不起人的表现。

女生不要时常微笑

微笑是拉近距离的有效手段,它不仅可以带来友谊,也能带来好心情。但是女留学生最好控制在外国男性面前的微笑频率,在国外,微笑容易给人暧昧的感觉,会引起不必要的误会和麻烦。

避免讲话只讲自己感兴趣的话题

大部分中国学生都会有一个毛病,即喜欢聊自己感兴趣的话题,当别人讲到自己不喜欢的话题时,就会摆出一幅很不耐烦的样子。留学生可能会在国外参加同学或者朋友聚会,因地域文化的差异,与外国人共同感兴趣的话题较少。这时候留学生得学会跟外国朋友探讨自己不感兴趣的话题,因为如果有谁在聚会时表现沉默少话,外国友人会认为他不礼貌,或者认为他是一个知识缺乏的人。

此外,留学生要知道,艺术和体育是美国人聊得最多的话题,而死亡是他们最不愿意涉及的话题。

第十章
中学生在国外留学必须回避的雷区

不要主动为同学付账

在中国,好友间彼此请客吃饭是很正常的事情,但把请客一事搬到国外就不好了。外国人无法接受自己吃饭他人结账,AA制在他们心中已经根深蒂固,如果你为他们结账,他们会时刻记着你的人情,想方设法还给你。

因此,留学生在和外国朋友出去吃饭娱乐时,自己顾好自己就行了。

不要乱送同学礼物

送礼是中国人表示友好的最佳方式,朋友生日、结婚、生孩子、节日等都可以送礼。但是在很多其他国家,除了盛大到必须送礼的日子,比如朋友的生日,或者去别人家拜访,留学生最好不要给外国同学或者朋友送任何礼物。

因为外国人在不特殊的日子收到礼物会有心理压力,认为这是有什么事情要求他帮忙,或者心怀其他目的。这样,送礼人不仅不会得到他们的感谢,反而会被另眼相看。

另外,在可以送礼的日子,送花是最好的选择,大部分外国人都挺喜欢花。最受美国人喜欢的礼物分别是：花、香水和威士忌。

说到送礼，再说说收礼。中国人的习惯就是在接受礼物时总要客套地推辞，接受了之后也怕别人以为自己过于贪婪而把礼物放在一旁假装毫不在意。这种行为在外国人眼里是无法理解的，推辞会让他们觉得收礼人是在拒绝礼物，而不当面打开则让他们觉得收礼人不喜欢自己精挑细选的礼物。

因此留学生若收到外国朋友的礼物，一定要当面打开礼品，甚至可以"粗暴地"撕开包装纸，然后笑容灿烂地表示感谢。如果礼物确实好，则记住对礼物大加赞美一番，就算礼物"一般"，嘴里也要连声说几遍"Thank you"。

不能违背诚信

诚信是古今中外都认可的美德，然而有一些中国留学生却在国外做出了一些违背诚信的事情。

英国有很多家电信运营商都有签约免费送手机的业务。留学生只要与运营商签订两年或三年的使用协议，再提供信用卡账号和住址，就可以免费拿到在国内价值好几千元的手机了。当然，每月需要交还租金。没有信用卡的申请人，则需要提供一定的押金，待协议期满后再退钱。但是小部分中国留学生却在回国之前，去好几家电信公司签约，拿到免费手机后，再到银行把自己的账号注销。这样就把几部新款手机以零价格"买"回来了。当有人问及这些同学为什么不怕信用污点时，这些同学的回答是：无所谓，反正回国后

第十章
中学生在国外留学必须回避的雷区

也不再来英国了!

这样违背诚信的行为大大损坏了中国留学生在国外的形象。现在国外的一些电信运营商已经针对这样的行为修改了合同条款,留学生将无法享受信用卡做担保的福利,而是必须支付高额押金才能领取手机。

除了非法领取手机,还有些留学生因为在国外售假而遭遇牢狱之灾。

国内的地摊或者购物网站上山寨成风,各种假冒名牌比比皆是。一些留学生"见钱眼开",把售假之风带到了国外。他们不知道在国外售假一旦被抓,很可能面临牢狱之灾。

在澳大利亚悉尼留学的一名女同学觉得卖山寨货能赚钱,就从一些华人小商贩那儿贩来一些假冒名牌包包、T恤在悉尼的唐人街夜市摆卖。地摊没摆了几个月,一次悉尼警方突袭,就把这名女同学和几名同样卖假货的留学生给抓进了警局。最后售假留学生都被罚款几千澳元,并且在警局留下了不良记录。

近年关于留学生在国外售假被捕的案件还有不少。2011年10月,加拿大中国留学生陈某与同伙贩卖伪造的公交车月票被拘捕,2012年2月被裁定遣返回中国。2011年11月,在英国留学的中国留学生郑某因贩卖假冒世界名牌包包、首饰等被逮捕,被判有期徒刑一年半。

在国外售假相当危险,一旦被抓住处罚会非常严厉。海外学子一定要牢记中华传统美德,以诚待人,以信为本,不图小利,不做虚假,文明留学,清白毕业。

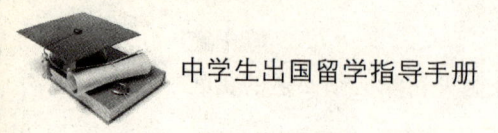

有些动物吃不得

民以食为天,但是留学生务必留意各国的饮食文化差异,很多在中国能吃的动物,在国外却是禁忌。

比如在国内有一款美食叫吊烧乳鸽,菜市也常有鸽子出售。在中国吃鸽子肉虽稀罕,但并不是什么大事。到了国外,有喜欢吃鸽子的留学生就得注意了,很多国家都是不准吃鸽子的。

在加拿大多伦多留学的秦某出国前曾是"鸽子控",烤乳鸽是他去餐馆必点的菜。一天他看到多伦多广场上停满了鸽子,就跟身边的一位中国学长开玩笑:"哪天我们捉几只鸽子烤来吃吧!"学长一听这话眼睛立马瞪得老大,赶紧提醒道:"这里的鸽子可不能吃,吃了是要坐牢的!"

接着学长就说起了之前的一起事件:几年前,一名中国留学生请自己的导师吃饭,因为想露一手厨艺,刚好又看到广场上有很多鸽子,就随手抓了两只炖了一锅鸽子汤。导师来赴宴,喝了一口汤就问这是什么汤,该学生老实承认是自己从广场上捉来的鸽子炖的汤。谁料话没说完,导师气愤至极离席而去,马上到警局报了警。后来这名留学生被重罚,并且被驱逐出境,失去了留学的资格。

在包括加拿大在内的很多国家,鸽子都代表着和平,是天使的化身,特别是广场和街道上的鸽子,都是受到保护的,伤害和食用鸽子,会受到非常严厉的惩罚。

第十章
中学生在国外留学必须回避的雷区

当然,除了鸽子,还有很多动物不能吃。如果留学生所在国国民信奉伊斯兰教,那么猪肉、狗肉、猫肉、鱼肉、马肉、驴肉等一般都不能吃,而且多数阿拉伯人不喜欢吃海参、螃蟹和无鳞鱼。

逗猫的后果很严重

国外许多人家把猫、狗等宠物当成自己家的小宝宝般疼爱。留学生千万别对猫狗有任何有意或者无意的伤害行为,不然后果会很严重。

几年前程某去澳大利亚留学,寄宿在当地家庭。程某天性开朗好动,爱开玩笑,看到房东家里的猫胖乎乎、毛茸茸的,觉得很可爱,就常常逗猫,又扯尾巴,又是把小猫搞翻在地。一次,程某拿出打火机打火,看见小猫经过,想吓唬它,就故意把火靠近,没想到距离控制不当,小猫被烧到了皮毛。不巧的是主人正好看到,顿时气愤极了,不仅当场就把程某赶了出去,而且还一状告到了学校里,让程某的留学之路充满了麻烦和痛苦。

国外是一个新环境,风俗习惯都与国内有很多差异,留学生一定要清楚地了解自己的留学地区忌讳哪些东西,有哪些雷区,然后在留学途中尽量避免触发这些雷区,赢得外国人的尊重与喜欢,也赢得学业上的丰收。

第十一章
中学生如何顺利拿到留学签证

出国留学的第一步就是拿到签证，在办理签证的过程中留学生家长究竟要注意哪些问题呢？办理护照和签证的流程家长们是否都了解了呢？在申请不同国家的留学签证时是否有技巧可循呢？

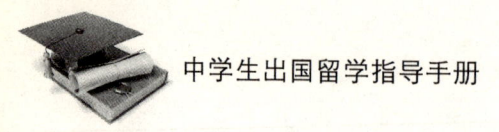

中学生出国留学指导手册

如何申请签证加急

预备留学生已经收到外国学校的录取通知书,但是家长通过正常的电话预约又约不到签证,这样下去难免会耽误孩子入学的时间。这时候留学生家长就需要向外国领事馆发送传真,告知对方你加急的原因以及想要约签的时间,这就是所谓的签证加急。

因为每个国家的签证加急申请都略有不同,建议家长在办理之前通过各种渠道仔细了解,以免出现错误,影响申请进程。下面,以美国为例,为大家具体介绍一下申请签证加急的基本流程。

1. 申请一个加急面谈

申请人必须先致电话务中心进行一个常规的预约。需要注意的是最早的面谈时间经常会改变,并且面谈时间也是每周增加的。在很多情况下,再次致电话务中心可能会获得一个更早的面谈时间。

现在通过传真也可以申请到加急面谈。传真最多两页纸,上面包含了最相关的信息。注意,重复的传真申请将被忽略。

2. 美国签证加急预约面谈的申请必须包含以下信息

① 申请人姓名;

② 申请人出生年月;

③ 从话务中心得到的面谈日期、时间和面谈编号;

④ 在完整和准确的在线签证申请表上(DS-160 表)生成的确认条形码;

⑤ 具体解释为什么申请一个加急的面谈;

⑥ 在中国申请人的联系信息（电话和电子邮件）；

⑦ 之前有无获得过美国签证。

3. 递交加急面谈的申请

采用传真方式将申请提交给美国领事处馆。加急预约面谈的申请一旦获准，领事馆的工作人员会在下一个工作日直接联系申请人。面谈时间会在领事馆有空闲的前提下依据申请的急迫性决定。需要注意的是，如果申请人之前获得过加急面谈的机会，领事馆将不会同意下一次的加急申请。

4. 发放签证

面谈成功之后，正常情况下，获签申请人的签证自面谈之日起两个工作日内会被打印并邮寄出去。如果签证申请被延迟，申请人在面谈时会被告知。领事馆不能在面谈当天签发签证。

小签证和大签证

中国学生申请赴加拿大留学，需要两个非常重要的文件：小签证和大签证。

1. 小签证

小签证就是传统意义上的签证，任何中国学生打算到加拿大学习都必须申请签证，签证由加拿大驻中国使馆颁发，学生可以通过加拿大使馆签证中心申请获得。

申请签证时，如学生在加拿大学习时间将超过6个月，即是学生签证，不足6个月则是访问签证。签证是学生出入加拿大的通行证。

1~4年为签证的常规有效期，最短有半年的，最长有五年的，只是这些与学生计划的学习时间不太一致。

签证快要到期的时候留学生应该及时续签，如果没有续签，而留学生仍然打算继续留学加拿大，那么在回国之前也应当先把签证续签完成，不然将来再从中国赴加拿大会有不可避免的麻烦。

申请签证只能在加拿大境外进行和获得，如果是已经在加拿大就读的国际学生不愿意回国，可以把签证申请邮寄至加拿大驻美国水牛城或西雅图的使馆，手续时长大概一个月。

2. 大签证

大签证即学习许可，留学在加拿大的学生还必须拥有加拿大学习许可才能入校学习。学生首次在加拿大入境时会经海关移民官面谈，凭签证、使馆签证纸（随签证同时获得）、入学通知书等文件申请获得第一次的学习许可。

当然，如果在加拿大的学习时间不超过6个月，则不需要申请学习许可，只凭访问签证即可。

一般来说，学习许可的有效期小于或者等于签证有效期，即使是拿到了四年签证的学生，入境时移民官也只给一年左右的学习许可，有的甚至更少，只有几个月，并且每次到期时申请都无比困难。

之所以这样设定，是为了督促留学生在校期间遵纪守法好好表现。表现优秀的留学生申请学习许可会非常方便快捷，并且有效期也更长。

另外，学生必须在学习许可到期前三个月办理续签手续，如果现有学习许可到期时，新的学习许可还没有申请下来，学生也不必过于担心，仍可以在加拿大继续学习，直到拿到新的学习许可。

第十一章
中学生如何顺利拿到留学签证

别做签证官"黑名单"上的四类人

对于出国留学者来说，签证是最难逾越的一道关卡。一旦签证申请被签证官拒绝，就意味着之前的准备全部白费了。

申请者是否为了学习而出国？申请者是否有可靠的学费来源？申请者是否有移民倾向？这是签证官最关心的三个问题。但对于这些问题，并没有统一的评判标准，一切全凭签证官的主观印象。所以如何让签证官相信自己是个合格的申请者，成为留学生最该思考的问题。一般来说，每个签证官都有一份自己的"黑名单"，只有避免名列其中，才有可能走出签证困境。

1. 申请材料造假者

张小华高中毕业，成绩不是很好，高考只有380分，在先后申请加拿大和澳大利亚留学的时候，因为害怕高考成绩影响了自己的签证申请，就擅自修改了高考成绩。但天下没有不透风的墙，此举被签证官查出后，认定张小华提供的材料不真实，留学态度不端正，导致多次被拒签。

诚信是西方国家最重视的品质。在递交申请材料的时候千万别抱有侥幸心理，即使是更改学校通知书有效期这样的"小事"，在签证审理过程中，一旦被发现，都将被拒签，而且会留下"案底"，让今后的申请变得困难无比。

2. 有移民倾向者

34岁的黄璐璐是职校毕业，没有英语成绩，在她报名攻读加拿

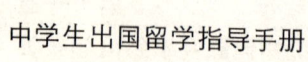

大设计专业时,被签证官认为有移民倾向而拒签。

设想所有申请人都有移民倾向,是签证官的一个习惯。像黄璐璐这样年龄较大、学历又偏低的申请人,很容易让签证官怀疑其出国的动机。

出国申请人的目的就是说服签证官相信自己没有任何其他的动机,但是除了申请材料,也没有捷径可走。像黄璐璐这样年龄和学历条件都十分不利的申请人,只能在申请材料上以诚恳的求学态度感动签证官,提出自己从事设计工作多年,并且要详细介绍自己出国的目的和将来的打算,以便最终获得签证。

3. 学习目的不明确者

18岁的许宋高中毕业,虽没有英语成绩,但父母为他提供经济担保,帮他申请赴英国留学,不料在签证面谈中,许宋对有关英国教育的问题一问三不知,签证官觉得此人学习目的不明确,从而拒绝了他的签证。

如果是申请留学签证,签证官一般会仔细查看申请人申请材料中有关学习的信息,例如,为什么选择这所大学和这个专业,该大学吸引你的教育特色和专业特长是什么,等等。如果申请人对这些没有一点了解,签证官自然会怀疑申请人的学习动机和学习能力,从而拒绝签证。

申请签证的基本条件就是留学理由被签证官认可。这就要求申请人事先要认真准备,了解清楚留学目的国的教育制度、所选学校的基本情况、所学专业的特色和课程设置,并且在签证申请书里列出明确、完整的学习计划。

4. 经济能力欠缺者

刘元是高三在读生,父母都在国企工作,年收入证明不足8万

第十一章
中学生如何顺利拿到留学签证

元人民币,但为了让刘元出国留学,他们在签证的申请材料上声称有100万元以上的银行存款,其结局当然是被拒签。

刘元父母提供的经济能力证明是比较牵强的,年收入和所提供的存款证明没有合理的关系,签证官要么认为其家庭根本没能力提供这么多存款,要么认为申请人出国后带走大部分存款,会影响家里的生活。所以经济能力无法证实的申请人,签证官通常也不会颁发签证。

因此,家长在帮孩子准备申请材料时,一定要提供能表明自己经济实力的有力证据,只有打消签证官对于申请人家庭经济条件的顾虑,才能顺利拿到签证。

中学生留学签证不可以"走后门"

也许有些家长会有"走后门"的思想,认为自己或者亲戚朋友认识使馆内的办事人员或高阶层的使馆人员,就能受到优惠的待遇,提前知道签证的结果,或改变签证官的决定。其实这种想法是非常错误的。比如在加拿大,即使是总理也不能左右签证官的决定。签证官有完全独立判断的权力,任何人员不能介入、干涉其工作的合法性及独立性,任何妄想以"走后门"的方式来办理签证的人员都会得不偿失。

因此,家长朋友在办理签证的时候,千万不要抱有走后门的心态,最好按部就班,否则可能会给自己带来不必要的麻烦。

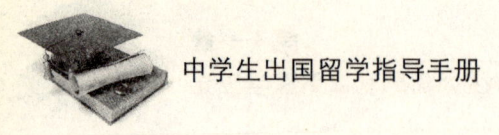

并非只能面签

一般来说，留学签证是按"递送文件"审核的方式，在递交申请材料后，一般需要 2~4 个月的时间才能通知申请者结果。结果有以下三种：

(1) 拒绝签证

签证官会在申请人护照上盖章，并附上拒签信，告知拒签理由。

(2) 通过签证

签证官会将签证附贴在护照上，寄送给本人或者委托中介。

(3) 通知面谈

签证官会通知申请人在 30 天内前往使馆面谈，时间是周一到周四上午 9：00~11：30。面谈后，绝大多数立刻通知结果，极少数在随后再通知结果。

所以，其实并非每个申请人都需要面谈，只有在签证官觉得申请人材料需要解释说明、需要核实原件，或者申请人背景较复杂的情况下，才有可能需要面签。

第十一章
中学生如何顺利拿到留学签证

"包装"孩子并不一定易获签证

经常会有一些学生家长害怕无法通过签证,从而在申请材料上做手脚,大夸特夸孩子的学习和生活能力,殊不知这种对孩子无意识的"包装"已经让很多领事馆反感甚至排斥,造成了签证官对申请文件的检查愈来愈严格。

据有关统计,现在签证申请的通过率只有61%。这一点需要广大留学生家长重视。总之,在办理签证的时候,实事求是才是签证顺利通过的根本准则。

雇用律师也无法保证签证获批或者翻案

有些申请人在被拒签之后很恼火,并且妄想通过其他渠道获签或者逼迫签证官改变决定。据一些资料显示,曾经有律师声称告倒国外领事馆,成功地为遭拒签的申请者翻了案。但事实上根据领事馆公布的数据显示,拒签后翻案成功的比例是极其低微的。因此,在被拒签后,申请人也不要采取什么翻案的手段,例如雇用律师,因为这都是无济于事的。最明智的办法就是申请人努力改进不符合申请标准的地方,保证下次申请可以顺利通过。

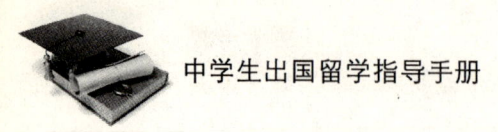

赴美留学，签证准备技巧

申请美国签证的时候，在申请材料的准备上一般有以下几个技巧：

1. 关于孩子特长或者兴趣的阐述

关于这部分，家长甚至可以把孩子的大学之路也规划出来，谈谈孩子的兴趣特长会对他将来的专业有何影响，或者对将来的发展有何帮助，等等。

2. 关于选择美国、选择学校方面的阐述

在美国签证申请材料里，申请人一般都要解释为什么选择美国，为什么选择这所学校等问题。如果申请人想要系统、全面、清晰地把这些问题的答案传达给签证官，就得按照从小到大、从专业应用到技术环境的逻辑顺序进行。因为选择了这个研究方向，从而选择这个教授或者实验室；又因为选择了这个教授或者实验室，从而选择了这个学校；再因为这个学校在美国，所以选择了赴美国留学。

3. 关于资金问题的阐述

只要不是公费出国，申请人总是无法避免签证官敏感的资金问题。其实不论是在材料里还是在面谈的时候，与资金相关的问题，申请人只需从两个方面来谈就好。

（1）本人或者本监护人有足够的财力来支持自己或者孩子的学习和生活。既强调家庭的收入能力，又不必表现出富翁的样子，重

第十一章
中学生如何顺利拿到留学签证

点只在于向签证官证明个人或者家庭有充足的资金储备应付出国学习。

（2）出国是一种长远的良性投资。这一点实际上要引出回国计划，并阐述这点投资实际上是为了回国后产生更大的效益。

4. 回国计划部分的阐述

虽然在中学生的签证申请里提到回国计划有点长远，但是列出来可以让签证官觉得家长考虑问题全面细致、高瞻远瞩，从而提高签证通过率。回国计划可以试着从下面三个角度来阐述。

（1）主观愿望

回国计划是申请说明书最后一部分，具体阐述回国计划，从语言上应表达出留学生要回国做什么职业或者有什么其他的打算。

（2）客观市场

谈完主观愿望之后，申请人还需要阐述实现主观愿望的客观环境。分析留学生的专业放在国内市场里的应用前景。还可以与美国的客观环境作对比，论证主观愿望的合理性。

（3）收入回报

收入回报其实就是生活状态。留学生回国后在职位、地位和收入等方面与其他普通学生有何不同，留学的优势该如何体现出来。

加拿大留学签证申请技巧

加拿大因其风光秀丽、移民政策相对宽松以及教育长期保持一个高水准状态，吸引了越来越多的中国学生申请留学。但是加拿大审理签证比较严格，门槛设置较高，签证成功率较其他以教育为产业的国家低，所以申请人在准备签证申请材料时就得格外注意，多掌握一些申请技巧有助于通过审核。

（1）申请人预备在加拿大学习的课程是否与其在中国所学课程相衔接，是否与其未来职业目标相符合，这是签证官首先考虑的问题。所以在申请材料里一定要把这一点说得仔细明白。

（2）申请人需要表明返回祖国的决心，因为签证官要确认申请人将来不会成为非法移民。如果申请人可以提供其家庭在某一特定地方持续性居住的证明，更能加大签证通过率。

（3）申请人必须出示与父母或经济担保人收入相符合的资金证明。另外，还须提供银行存款 12 个月的历史记录。

如果以上要求申请人都能满足，并且提供的证明被确认属实，一般在 1~2 个月内就可拿到加拿大的签证。

解读英国签证的 CAS 系统

1. 什么是 CAS

E-CAS 的英文全称是 Electronic-Confirmation of Acceptance for Students，意思是电子版录取通知书。CAS 有别于过去学校向学生发放的录取通知书，它是院校担保方发给学生的一个特别的电子参考号码。这样，每个学校申请者都会拥有一个学校给出的专属编号，学生在递交签证材料的同时，需要把这个号码同时递交给签证中心。英国边境局通过这个号码就可以在系统中轻松地查询到学生的信息，

第十一章
中学生如何顺利拿到留学签证

学校也会定期在系统中更新学生的状态。

CAS系统使得英国签证申请更加便捷,因为学生不必在签证时再提交签证信,只需要提供CAS号码就可以。签证官在签证审理系统里输入这个号码,就可以查到学生及课程的相关信息。

2. CAS缘何产生

英国实施了一年的"计点积分制",这大大简化了学生签证的申请程序,并且提高了国际学生申请赴英签证的成功率。签证政策的放宽虽然为广大国际学生赴英留学提供了便利,但是也遗留了某些安全隐患。

比如曾有假学生非法进入英国,但移民局无从查证这些学生的真实身份,所以管理起来非常困难。针对这种情况,从2010年2月22日起,英国重新调整了签证制度,CAS系统应运而生。事实证明,CAS新政策不仅使得英国签证申请更加便捷,对于打击假留学行为更是非常有效。

3. CAS的优势是什么

CAS与之前的签证信相比,主要有以下三点应用的优势。
(1) 学校可以直接获得某一学生签证申请进度。
(2) 避免假签证函的出现。
(3) 避免之前在签证函中常常出现的错误。

赴澳大利亚读高中的签证要求

据统计,近几年申请留学澳大利亚读高中的学生越来越多,似

乎中国家长都愿意更早地让孩子去澳大利亚留学。虽然让孩子去澳大利亚留学有很多优势，但是想要顺利地过去读书却并不是一件很容易的事情，尤其是在办理签证的时候，有很多严格的规定，家长必须注意。具体来说，办理澳大利亚的签证主要有以下几方面要求：

（1）不满18周岁的学生，家长可以陪读，但陪读时间至学生18周岁为止。

（2）学生入读澳大利亚10年级时不得超过18周岁，入读11年级时不得超过19周岁。

（3）学生申请时，成绩单上英语的平均成绩要高于75%的学生。

（4）学生在澳大利亚学习主课的时间不得少于16个月，复读时间不得超过18个月。

（5）中国学生至少是持有初中文凭的初中毕业生。

第十二章
高中生参加美国SAT考试的相关事项

中学生要想申请美国名校学习及获得奖学金，必须过SAT考试这一关。这是美国名校评判一个学生是否可以进入该校学习的重要参考。打算去美国留学的学生，一定要对SAT的考试内容，以及考试的时间、地点、费用、策略等心中有数。

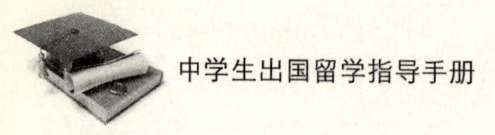

中学生留美不可或缺的 SAT 成绩

　　SAT 的全称是 Scholastic Assessment Test（学术能力评估测试）或 Scholastic Aptitude Test（学术能力测验），是由美国大学委员会（College Board）主办，委托美国教育测验服务社（Educational Testing Service，简称 ETS）定期举办的世界性测验，做为美国各大学申请入学的重要参考条件之一。从 2005 年 3 月开始，现阶段进行的 SAT 考试形式才正式形成。现在，包括英国在内的许多其他国家的大学也开始承认这项考试。

　　SAT 的主要作用是考查学生在大学阶段所必需的阅读和写作能力。SAT 会测验学生将学校学到的知识付诸实践运用分析问题、解决问题的能力，而这些知识在大学是至关重要的。在美国，学生一般会在 10、11 或 12 年级参加 SAT 考试。而且，SAT 成绩和平均成绩点数 GPA 结合起来，可以让大学招生委员更好地了解一个学生的综合水平。

　　SAT 通常是一些希望继续学业的中学学生或毕业生报考，考试的结果会给学生提供一些指定的院校，虽然入学的考量不只是 SAT，还包括在校成绩、老师的评语或参与的课外活动，但是很多院校仍会通过 SAT 分数对学生进行一个初步筛选。有时候，奖学金的筛选标准也会依据 SAT 的分数。

第十二章
高中生参加美国SAT考试的相关事项

SAT 考试内容

SAT 考试分为两大部分：推理测试（SAT Reasoning Test，称为 SAT1）及科目测试（SAT Subject Test，称为 SAT2）。SAT2 根据学校要求的不同，所测试的科目也不同。实际上，SAT1 是美国名校主要关注的一个学生成绩，这里详细介绍一下 SAT1 的情况，它包括三个单元。

1. 写作（Writing）

（1）题目分配和结构

这个单元是在 2005 年 SAT 改革之后才加进来的，共 3 个区，包含一篇作文和 49 道语法选择题。其中，作文大约占总分的 30%，语法选择题大约占总分的 70%。语法选择题中包含 25 道改进句子（Improving Sentences，下简称 IS）、18 道句子挑错（Identifying Sentence Error，下简称 ISE）和 6 道改进篇章（Improving Passage，下简称 IP）。

作文是在 25 分钟内，按照给出的题目作文。若想拿到高分，一般要不少于在 400 个单词。作文会由两个评审批阅，除空白和跑题外，每个评审的赋分范围是 1~6 分，作文总分为 2~12 分。

语法选择题全部是挑错改错，中国学生经过培训或自学后提高应当很快。

（2）搭配形式

25 分钟区：作文，时长 25 分钟。

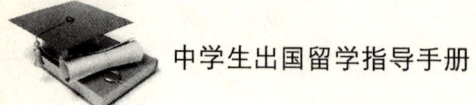

25分钟区：11道IS+18道ISE+6道IP，时长25分钟。

10分钟区：14道IS，时长10分钟。

2. 数学（Mathematics）

(1) 题目分配和结构

数学部分共44道选择题和10道填空题，分为两个25分钟区和一个20分钟区。这个单元的测试对于中国学生比较简单，初中毕业水平即可。允许使用计算器，每个区最开头会给出一些公式。

(2) 搭配形式

25分钟区：20道选择，时长25分钟。

25分钟区：8道选择+10道填空，时长25分钟。

20分钟区：16道选择，时长20分钟。

3. 批判性阅读（Critical Reading）

(1) 题目分配结构

批判性阅读单元共67道题目，包括：19道完成句子（Sentence Completion，下简称SC）和48道文章阅读（Passage-Based Reading）。文章阅读中，共包含3篇独立长文章、1组长对比文章、两篇独立短文章和1组对比短文章，共5篇独立文章和两组对比文章。

完成句子，在一个句子中，抠掉1或2个词（词组），给出5个选项，根据给出的句子部分，选择最合适的填入，主要考察词汇量。

在文章阅读部分，给出一篇或一组文章，考生阅读后回答问题。文章所涉及的领域有：社会科学、人文、自然科学或小说（每次必有一篇）。短文章每篇大约100词左右，每篇文章会出2道题目（对比文章4道）。长文章或文章组每篇（组）总词数介于400到800之间。

(2) 搭配形式

25分钟区：5道SC+短文章（2篇独立或1组对短比）+2篇

长文章（1组对比文章算为1篇）。

25分钟区：8道SC＋短文章（2篇独立或1组短对比）＋1篇长文章（1组对比文章算为1篇）。

20分钟区：6道SC＋1篇长文章（1组对比文章算为1篇）。

全部考试分10小节进行，其中包括一个实验题部分，此部分不计分，但测验中不会指明哪一部分为实验题，因此考生需要全部作答。总测验时间为3小时45分钟，除了数学填空题之外，所有题目答错皆倒扣分。由于SAT每一类型考题都是由易而难的顺序排列，考生在考试的时候，一定要把握好做前面题目的时间，这样才能给后面较难的题组留出充裕的时间。

SAT考试的时间、地点、费用以及报名步骤

1. 时间

SAT考试在每年3月、5月、6月、10月、11月和12月的第一个星期六以及1月的最后一个星期六举行。其中，每年3月的考试仅在美国举行。考试时间是上午8点开始，大约到下午1点结束（各个考点休息等的情况不同，故时间有差异）。2012年的考试时间为：1月28日、3月3日、5月5日、6月2日、10月6日、11月3日、12月1日。

2. 地点

中国内地没有考点。一般来说，亚洲的香港、新加坡、澳门、台湾、日本、韩国等地都设有考场（除每年3月），内地考生可以选

择在这些地方进行考试,届时会有一些留学机构组织"考试团"。建议内地考生到澳门、台湾、新加坡等地进行考试。

3. 费用

SAT1(即推理测试):49美元;SAT2(即科目测试,基础费用22美元+语言测试每门22美元,其他科目每门11美元;变更费(变更考试种类、地点、时间):25美元;逾时报名费(过了一般报名时间而在最后报名期限前):26美元;Standby(不进行报名,考试当天直接进场考试)费用:43美元;国际报名费:26美元;在印度和巴基斯坦考试附加费:24美元。

在SAT考试报名之前,考生需要准备一张国际信用卡,用来缴纳SAT考试费用。通常来说,国际信用卡的办理时间是7～20天,所以大家需要提前到银行办理。

4. 报名步骤

考生拿到信用卡之后,需要登录SAT考试官方网站——College Board进行网上报名。SAT考试网上报名之前需要进行注册,登录College Board网站点击For students,出现Registration页面,在My Organizer点击Sing up,注册一个account(账号),有些信息是必填,有些是选填的,提交后得到用户名和密码,(注意邮信等地址中不要有逗号、英文句号等符号,用空格即可),进入My Organizer页面,就注册完了。

具体的报名步骤如下:

(1) 在My Organizer页面左下角,点击SAT Registration & Scores,进入SAT考试报名页面,要求再次输入用户名和密码,确认姓名、出生日期等。

(2) 进入My Profile页面,填写种族、学校、学习成绩、学术兴趣、未来研究方向等信息,当然,这些信息不是必填的。在My Pro-

第十二章

高中生参加美国SAT考试的相关事项

file 页面约有五页的内容要提交，填好这些内容之后才正式进入 SAT Registrtion 页面。

（3）同意 SAT 考试的条款，进入下一页，这是最重要的地方，选择考试的类型、年级，中国的高三相当于美国的 12 年级，注意，考试地点选美国以外，然后提交。

（4）进入下一页选考试时间，里面会显示现在能报名的考试日期。下一页是收费的考试辅导服务，不必选，再下一页就是选择考点。首先，点击 search for a teat center，进入另一页面选择考场，先选择地区，出现该地区考场列表，只显示还剩余考位的考场，报名截止日期一般是考试日期的前一个月。

（5）下一页是选择要递送成绩单的学校，可以免费送四所，在考试日期结束后一周内，还可以登录修改送分学校。下一页是关于辅导书的选购，国内现在已经有售，故不必选。

（6）下一页确认信息，填写信用卡号，确认你的姓名、出生日期等信息与身份证上一致。注意：名在前，姓在后。信用卡的号码、类型、有效期不能有误。以上信息确认无误后，即可交费，点击 submit payment。

（7）打印准考证，也就是 Admission ticket，这是 SAT 考试报名的最后一步，考生一定要记得打印准考证，这是进入考场的重要凭据。

（8）回到 My Organizer，上面会有考生 SAT 考试网上报名的状况。如果报名未成功，考生可以再次提交。

此外，在报名方面，考生还需注意以下几点：

（1）在 SAT 考试报名的过程中填写的各类信息，除了姓名、考试日期、考点等重要信息以外，在考试之前 9 天都是可以再次登录修改的。考试日期也可以修改，但是属于改考，需要付费。

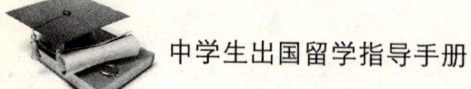

（2）SAT1 与 SAT2 的报名时间和方法一样，考试日期是在同一天，所以不能同时报名，可以在一个考试年度（6次考试）里选择不同的考试日期分别考试，SAT2 各科目的考试题目都在同一本试卷上，每科考试时间1小时，一个考试日最多可以报考3科，在考试当天选择所报的科目答卷既可。

美国高考 SAT 七项策略

1. 预先熟悉题型和说明

考生在备考及模拟测试中要非常熟悉 SAT 的题型及其说明，在应试当天不必为这些格式化文字而浪费时间。

2. 详读题目及答案

对每一道选择题及其五个候选答案，要从头读到尾，不管是难题还是简单题，自始至终要用已知排除法的技巧应对每一道选择题。

3. 集中注意力解决一道题

在同一时间要集中精力应对一道考题，不要同时顾及多道考题，以免分散注意力，从而对考题产生不必要的误解。

4. 小心看似正确的选择陷阱

只有在排除了两项不正确的选择之后才能猜题，有的选择答案接近正确但不准确，对这类看似正确的选择陷阱要特别注意。

5. 不要在难题上耽误时间

SAT 考试每一道试题的分数相同，不像国内高考难题分数高，

第十二章
高中生参加美国SAT考试的相关事项

简单题分数低,因此没有必要对不能用已知排除法应对的考题,或者是不会的难题耽误太多时间,在试卷及答卷上留下记号,接着答后面的题,若有时间回来再答不迟。而且要学会适当放题,以免答错题倒扣分。

6. 牢记时间要求,掌握答题节奏

掌握并了解你自己的答题节奏,牢记 SAT 考试每一项及每一段的时间要求,学会快速阅读并能迅速抓住重点及要点。

7. 具备良好的写作能力

在 SAT 的作文写作上,要求考生具备快速提炼要领和重点,以及打草稿的能力。在考试时,考生只有不超过三分钟的准备时间,这要求考生在平常备考培训时必须把握好时间节奏,这样才能在考试时游刃有余。

SAT 是判断一所高中好坏的唯一标准吗

送孩子出国留学,家长都希望给孩子找一所好的高中。在咨询有关美国私立中学的情况时,很多家长都会问到这样一个问题:这所学校的 SAT 平均分是多少?因为在他们看来,学校要求的 SAT 分数越高就越好。其实,SAT 成绩并不是判断一所学校好坏的唯一标准,只是我们选择美国中学的一个参考系数。

众所周知,美国的教育是多元化的,因此,他们对学生的要求也是多方面的,注重的是学生的整体素质和能力。要知道,美国大学在录取学生的时候,从来不会仅凭 SAT 成绩的高低排序来录取一

个学生或者拒绝一个学生。他们更看重学生的综合能力，比如学生的学习能力、领导力、组织力、个体素质与特长等，这些都是学校考量的内容。考生要想顺利通过美国高校的测试，就必须在平时注重积累，不断地锻炼自己，提升自己。

另外，学生平常的课业成绩，即常说的 GPA，也是美国高校取舍的重要指标。举例来说，某学生 SAT 很高，但是 GPA 很低，那么理想的大学也不会录取这样的学生。

试想，如果一个美国学校只强调 SAT，却忽视学生的全面发展，这样的学校还是一所好学校吗？相信每一个人都会给出否定的答案。所以，如果一个学校只注重 SAT 成绩，而完全不关注孩子其他的特点，那么家长也没必要把孩子送去那里浪费大好时光了。

目前中国家长在选校的时候还有些盲目，他们常常放大了 SAT 的作用，忽视了学校对学生其他方面的要求。学生在选择学校时，不要盲目地以 SAT 的高低判断学校的好坏，而是要参考学校毕业学生的走向、学生人数、国际学生比例、教学设施、培养理念、课程的多少、地理位置等因素，并结合学生的自身情况，选择适合学生的学校。切记：适合的才是最好的。

第十三章
中学生出国留学的注意事项

留学也是锻炼孩子独立能力的良好途径，舍不得放开孩子他就成不了才。家长缓解担心的方法只有在出国前做好充分的准备工作了。

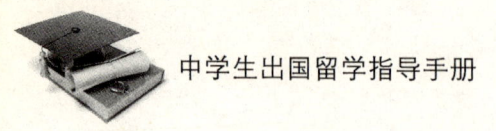
中学生出国留学指导手册

中学生家长考核留学院校应注意哪些方面

如果家长已经确定要把孩子送去国外留学，那么咱们再来谈谈如何考核留学院校。考核学校的注意事项基本有以下几点：

（1）这是一所正规的学校吗？宣传画册之类的东西只是广而告之，既有夸张成分，也在一定程度上含有欺骗因素。更不要听信招生老师口中的诸如"我们有100多年的历史"的话，他说的很可能是学校那座钟楼的历史。比如，瑞士酒店学校中真正有百年以上历史的只有洛桑酒店学校。

想要甄别好的学校，家长应该多去查询资料，从侧面了解该学校的历史和声誉。罗马不是一天建成的，一所好的学校也不可能是现在才开办，拥有良好声誉的学校必然积累了多年的教育成果。

（2）学校得到验证之后，家长需要向学校索取课程的详细内容，从而获知孩子将来的学习内容、成长方向，也借此判断此学校是否适合自己的孩子。

（3）了解了课程内容，家长还应该向学校索取完整的教职员工名单，他们的职位和责任及联络方法。通过各种渠道去了解这些教职员工的技术水平和资质。中国有句老话：没有教不好的学生，只有不会教的老师。教育能力优秀的老师将是你孩子成才的最大保障。

（4）学校现有学生的国际化程度也需要家长重视。一般来说，家长应该选择国际化比较强的学校。试想一下，如果一所学校里80%的学生都来自亚洲，那跟在国内学习有多大的区别呢？

第十三章
中学生出国留学的注意事项

（5）调查该学校以往毕业生的工作情况，了解该校文凭在行业内的认可程度。尽量让学校提供具体的就业比率以及以往毕业生的就业地点和就业方向。如果少于50名总经理级的毕业生，家长就要多斟酌斟酌了。

（6）让学校提供一部分校友的名册和联系方法，联系校友以获得对该校的侧面评价。

（7）警惕那些门槛很低但承诺得很多的学校，没有谁能保证谁的未来，所以承诺大多是虚话，学校能给自己的孩子提供什么样的教育和机会才是最重要的。

出国留学携带钱财注意事项

出国留学花费不小，它不同外出旅游，留学生家长携带钱财要格外注意，我们将罗列四种带钱方式并且进行分析，希望能给家长提供参考价值。

1. 最方便的是携带现钞

出国有很多机会要使用现钞，而且如进行机场行李运输、打的等活动时，更是必须支付现钞。携带现钞虽然方便，但也有不少麻烦，如钞票容易损坏，海关对外国人携带现钞数量有限制。要知道在新加坡等地，钞票有一点损坏可就不能再流通了。

2. 最安全的是携带信用卡

目前，中国银行、工商银行、建设银行等都有全球通用的信用卡。不过在选择带哪种国际卡方面，得考虑发卡银行在国外是否有足够的分行、取钱是否方便等因素。

3. 携带在旅馆、银行、商场都能使用的旅行支票

旅行支票的面额从十元到一万元都有，大多是由国际性金融机构或银行发行，一般来说很有信誉。但在美国使用旅行支票，手续费很高，买支票时需交1％的手续费，兑付时又得收1％的费用。目前国内可以去中国银行各地分行信用卡部申请办理旅行支票，无需任何证明，比较方便。

4. 携带银行汇票

银行汇票一般要去办理国际业务的外汇银行办理，虽然手续费较低，但因本身不能流通，所以使用起来不太方便。比如使用中国银行的汇票，在国外必须到中行驻外分行办理兑付手续。

出国留学行李注意事项

因为中国人与外国人的生活方式迥异，中学生在出国留学时需要携带很多的行李。下面所列的是一些出国常备物品以及注意事项。

1. 证件类

（1）如果你不打算让自己的孩子在国外流落街头，请记得带好学校正式入学通知书及缴纳学费的收据。

（2）千万带上机票，确认好航班。

（3）出国不像出省，需要护照以及12张护照照片。

（4）学校、雅思或托福的成绩单原件可以使你和孩子不用被怀疑。

(5) 如果有的话，请带上驾驶执照。

(6) 出生公证、学历公证。

(7) 重要的文件请复印一份，有备无患。

(8) 以前申请留学的文件 COPY 光盘。

2. 日常用品类

(1) 如果你打算让孩子和同学合租房子，记得带充足的厨房用品。

(2) 两到四双舒适的鞋。

(3) 一打耐穿的纯棉袜子。

(4) 至少四套内衣。

(5) 塑料和棉的拖鞋各一双。

(6) 针线盒（女孩特备）。

(7) 梳子。

(8) 一套洗漱用具：毛巾、牙刷和牙膏。

(9) 保温杯一个。

(10) 指甲剪，勤修指甲是个好习惯。

(11) 一个密封性好的饭盒，四双筷子，两个勺子。

(12) 一套床上用品：床单、被套、枕套和枕头。

(13) 数个衣架。

(14) 防雨风衣。

(15) 防身用的多功能瑞士军刀（不要随身携带，托运）。

(16) 插座很重要，一定记得带。因为国外的电源插孔是大三项，和许多国内的电器规格不符。

(17) 两到三个三转二插头。

(18) 四到八节充电电池和一个电池充电器。

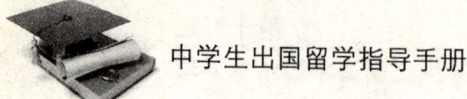

(19) 携带的笔记本电脑最好配有 DVD 光驱。

(20) 双频或三频的手机，不然可能没信号，杜绝山寨机。

(21) 照相机最好选用数码的。

(22) 闹钟。

(23) 三到五米的电话线和顺手的鼠标；

(24) 电话最好也在国内买，相比较之下极其物美价廉。

(25) 电子词典当然是必备的了。

(26) 最后切记带上两个变压器，国外的电压与国内的电压相差较大，带去的很多电器会用不了。

3. 眼镜药品类

(1) 孩子如果近视，让他戴一副近视眼镜，再带上一副备用的。

(2) 如果是戴隐形眼镜，备用一幅，并带两瓶护理液。

(3) 两副太阳镜。

(4) 防疲劳的眼药水两盒，抗菌素类的眼药水三盒。

(5) 可以带一些感冒类药、黄连上清丸、螺旋霉素（防牙痛）、皮炎平（治虫咬）、云南白药、清凉油、风油精、西瓜霜喷剂、抗菌素等。

注意千万不要带中医药材，不然进海关会很麻烦。如果抗菌素或其他特效药量多，最好附上医生的诊断书以做解释说明。

4. 书类

(1) 闲书和杂志尽量少带，一到三本为佳。

(2) 一个耐用美观的书包。

(3) 与电子词典相辅相成的英文字典或者其他字典。

5. 现钞数

外国海关有规定，入境时如果随身携带的外币额超过当地货币

第十三章 中学生出国留学的注意事项

一万元以上者必须申报。不仅外国海关,中国海关对出境人员携带美元和人民币的数额也有规定,一般来说,中国居民出境可携带人民币现金为6000元,外币现金折合2000美元。当出境者在没有得到银行、外汇管理部门签发的货币携带证件时,无论何种情况下,都不能擅自携带超出限量的货币出境。

6. 随身携带行李的重量

航空公司的机票上都注明旅客可托运的行李重量,一般为20公斤。若平时旅客不多时,航空公司会视情况允许托运重量提升5公斤。关于行李还要注意的一点是:随身包里不要携带刀具和喷雾剂,不然难过安检。

除了以上的种种物品,考虑到孩子即将前往一个不论是语言还是环境都完全陌生的国家,建议适当带一些华语音乐CD,聊解乡愁。

选择留学中介机构应注意哪几方面

一般而言,家长在选择留学中介机构上只要注意以下几点,就可以避免被欺骗。

(1)多参考几家中介机构,比较它们的价格、申请学校的质量与数量。向中介机构索看过去做的签证及录取通知书展示,调查该机构是否有很多的代理学校。

(2)了解在机构任职的人员是否有留学国的学历以及工作经验,他们是否有从事此行业三年以上的经验,是否熟悉申请流程包括申

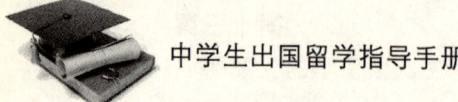

请学校及签证。

（3）如果机构人员一直急于和你签约，一直强调能保证签证、名校和奖学金的话，那家长就得仔细观察，小心行事了。真正负责且专业的中介，应该是起到协助的作用，它让你了解整个过程，给孩子的出国路提供助力，并不是一手遮天，操办一切事宜。

（4）注意查看留学中介机构的营业执照，看上面的注册地点与经营地点是否一致。如果有的公司注册的是一个地址，却在另外一个甚至几个地方都有办公地点或办事处，这就有可能是被转包或承包的业务机构，需要谨慎对待。

（5）如果确认了中介，在办理出国留学中介服务手续时，一定要与留学中介机构签署出国留学中介服务协议书，该协议书最好采用的是教育部、国家工商行政管理总局联合发布的《自费出国留学中介服务委托合同（示范文本）》。

（6）家长在交完费用后记得向机构索取合法票据，而且一定得是正式的发票而非收据。

（7）查看中介机构与目标留学院校签署的有效合作协议，并且确认该校的资质是否得到了中国驻外使领馆的认证，最好要求中介机构出示中国驻外使领馆的认证文件。

（8）家长在递交留学需要的各项申请材料时，务必保证各项材料的真实性，否则其合法权益将得不到保护。

（9）最好选择留学监理服务，这样可以在一定程度上保障你选择到合法而优秀的中介，并且在办理过程中也能得到监理专家的全程监理，万一办理失败，也有专家为你提供法律保障。

第十三章
中学生出国留学的注意事项

选择中介机构时几个常见的误区

家长在为孩子选择留学中介机构时，往往还会陷入几个误区，需要家长留心注意。

（1）中介都是不可靠的

近年来有许多关于留学中介的负面新闻，使家长对中介的信任度越来越低，有些学生家长甚至觉得凡是中介机构都是骗人的，都是不靠谱的，他们宁愿让孩子自己申请出国留学，也不愿意找寻中介。

合法可靠的中介机构当然是有的，据留学监理服务网调查显示，迄今为止，有401家自费出国留学中介机构得到了教育局的认可。因此，学生通过中介机构办理留学时，应查验该机构是否具有教育部颁发的"自费出国留学中介机构资格认定书"以及其开展自费出国留学中介业务的"营业执照"。一般而言，持有上述两证的中介，只要证书未过有效期，均为合法留学中介。

（2）规模大的中介比规模小的中介好

家长不要看到有些中介机构经营面积大、写字楼高档、人员多、代理国家多，就以为它的业务能力强。这都只是表面的东西，其实很多大的机构，它的留学代表或业务员，都是这个行业里的新手。留学中介的性质是咨询，从业人员的业务水平就如同律师业，是需要依靠时间的磨合和经验的积累的。

某些只有十来个员工的小中介，因为代理的国家和院校很少，

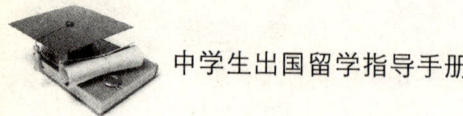

家长就以为它的业务能力不强。其实正是因为它专门代理某个国家，甚至少到只代理某个国家的某类院校，隶属这里的代理人员的经验才丰富，针对性才会强，成功率也才会高。

(3) 跟着广告走

近年留学中介的广告日益增多，但家长一定要明白，广告做得好的中介可能真的有钱，但不一定有资质和优秀的业务水平。

(4) 选择了合法中介就认为高枕无忧

家长选择好合法的留学中介办理留学手续后，是否就能安心睡大觉了呢？千万不要这样想，留学监理专家指出，所谓经教育部批准的合法中介，不是保证它具有"不出问题"的资格，更不是说非法中介做的违法事就不会在合法中介重演。家长在选择好留学中介之后还是得跟踪中介业务，时刻了解留学申办事宜的进展。

什么是"OPEN"机票与"OK"机票

家长为孩子购买国际机票，可以在国内各航空公司及其标准代理点办理购买手续，也可在外国航空公司驻我国的办事处购买。

机票中有"OK"票和"OPEN"票两种，对于初次出国人员来说，搞清"OK"票和"OPEN"票的区别，是十分必要的。

购买机票不像购买火车票，只要买到的是坐票，也就等于买了座位。购买机票后，还必须预订座位。而确定好了座位的机票，就称为"OK"票。旅客持有确定好座位的机票，即可按上边的日期和航班号登机启程。

"OPEN"机票是相对"OK"机票而言的。凡是没有确定起飞具体时间和没有预订好座位的有效机票,都称为"OPEN"票。留学生家长切记这点,购买了机票而没有预订座位,是不能登机的。

"OPEN"票有两种,一种是半"OPEN",就是指定航空公司,不指定航班号。还有一种是全"OPEN",就是航空公司和航班号都不指定。国际机票"OPEN"的较多,国内一般不允许"OPEN"。

读美国私立高中的优势

美国的私立教育有长达两百多年的历史,经久不衰,让当今世界上任何国家都无法比拟。美国的私立学校办学水平高、学校管理好、体制制度成熟、教育质量好,这些特点使得美国私立教育在美国教育公立化的背景下依然能够存在并且火热开展下去。

美国的私立中学是美国精英教育的一个重要组成部分。在美国著名的私立高中上学,毕业后有很大机会进入美国名校,甚至有的美国私立中学已经成为了哈佛、耶鲁的人才专送学校。

美国私立中学较公立中学的优势主要有以下几点:

(1) 私立学校的学生可以直接申请 F-1 学生签证,而大部分公立学校只能申请最长一年的 J-1 访问学者签证。

(2) 私立学校的规模比公立学校小,班级人数较多,学习气氛浓厚。

(3) 私立学校的教育标准较高,师资力量雄厚。

(4) 私立学校对学生更加关注,特别是私立寄宿制中学。

(5) 私立学校提供多元化的科目和广泛的课外活动，如体育、艺术、学术和社区服务等。

(6) 私立学校毕业生升入名校的机会比公立学校大得多。

总体来说，美国的很多私立中学都拥有着良好的教育传统，并且注重创新学术，有的学校还拥有出众的运动团队，或者在视觉艺术、表演艺术等方面胜人一筹。在这里你会发现，学校已经不是单纯学知识的地方，而是将知识、体育、艺术、表演和传统有机结合的美好家园。如果经济允许，把孩子送往美国私立中学就读，将会是你的一个不错的选择。

美国走读高中和寄宿高中

美国的私立中学也跟国内的中学一样，根据学生能否在学校住宿而分为走读高中和寄宿高中。

我们不妨从以下三个方面来对比一下两种制度的私立中学，看看孰优孰劣。

1. 在校学生的中国留学生比例

(1) 寄宿中学比例大

中国家长一向有溺爱孩子的整体倾向，在选择留学学校时，家长因担心孩子住在美国人家里受委屈或者不习惯，而帮孩子选择寄宿制中学。由此就可能会出现这种情况：一所在中国有一点名气、入学门槛不是太高的寄宿学校，中国留学生会很多。

要知道，一所外国中学里中国留学生所占的人数比例太大真不

第十三章
中学生出国留学的注意事项

是好事,这些孩子会自发地聚拢,导致孩子除了上课,闲暇时间一般讲中文。这不仅冲淡了留学的意义,阻碍了孩子外语能力的进步和对当地生活的融入,也不利于孩子的独立。

再者,中国留学生一多,再一聚,彼此间的不良习惯会互相传染。因为谁都不能保证每个小留学生的素质,人口基数一大,难免有几个让人头疼的孩子会给好的孩子带来坏的表率,比如不思学业,相互攀比,生活浪费奢侈,以自我为中心,相互之间不团结,等等,甚至有时候还有更严重的作弊、偷窃、吸毒等行为。

(2) 走读中学比例小

美国的走读学校现在还不太为中国人所熟知,中国留学生相对寄宿学校要少很多,另外,因为走读的孩子是住在美国人家中的,这就迫使走读的孩子更快地融入美国生活,当然,也能更快地提高语言能力。

不过也因为走读学校里的中国留学生少,这类学校一般不开设 ESL 课程。ESL 课程正是为留学生加强英文能力并通过这一项考试而开设的一门课程。但走读中学大多没开设这门课程,这对原来英语基础一般的孩子非常不利。

2. 饮食

因为中美文化的不同,中国留学生一般很难适应美国的饮食习惯。

寄宿制中学因为中国留学生较多,所以食堂会提供较为丰富的中餐。但很多走读学校一般不提供中餐,或者只提供非常简易的中餐,而早晚在住家也是没有中餐的,吃的一般是两片硬面包夹一片肉片和生菜这样简单的美国餐。

3. 对于美国假期的应付

(1) 寄宿制留学生让家长担心假期去留

美国学校的假期较多,如感恩节假、圣诞节假、春假、暑假,而且一放就是一周甚至更长时间，假期内学校的宿舍是不对学生开放的，所有的寄宿孩子要么自己找老师、同学家去借住，要么就去旅游或是找亲朋借宿。

小留学生们大多没有自我管理的经验，不说别的，单是孩子一个人在旅行、外出途中的安全问题也足够让家长们揪一把心了。因此，这是一个值得家长慎重考虑的问题。

(2) 走读制留学生的假期生活太无聊

假期里走读制留学生虽然没有寄宿制留学生无家可归的苦闷，但却太无聊了。因为愿意接受走读学生的美国寄宿家庭大多是美国的中产阶级，不是太富裕，相对比较安逸，他们打发长假的方式一般是在家里修修草坪，打扫卫生。在国内喧闹惯了的中国小留学生如果想出去旅游，必须征得监护人同意后，再由成年人带他出去。这比较麻烦，也容易打扰他人的清闲。

针对以上对两类学校的简单剖析与对比，我们可以知道美国寄宿高中与走读高中的利弊。所以在为孩子选择寄宿或走读制学校时，请记得最重要的衡量标准是要适合孩子，有利于孩子未来的发展。

美国公立高中交换生

众所周知，直接赴美国就读大学本科基本难以实现，即使获得美国大学的奖学金也往往因拒签而难以成行；另一方面，学科知识的不同步也阻碍了中国高中生留学美国的脚步。不过别急，中美高中生交换项目为此提供了最佳的解决方案。

第十三章
中学生出国留学的注意事项

美国公立高中交换生项目作为非盈利性政府项目，由美国国会于1958年通过《交换教育法案》，指定专门的非营利性教育机构从事运作。该项目自开办起，每年全世界都有近100多个国家和地区约3万名中学生参加美国交换生项目，并享受美国政府所给予的特殊待遇。

中国政府在1995年正式加入该项目，美国国务院备案编号为EVP P-3-5950。中国交换学生持J-1签证入境，就读美国公立中学，寄宿美国爱心家庭，在原汁原味的英语环境中了解美国社会、文化和习俗，与美国主流社会零距离接触，获得英语口语和听力的长足进步。不过美国公立高中交换生项目招生名额有限，所以采取先报名、先通过、先录取的模式，额满即止。

想要报名参加此项目的学生最好提前半年准备，因为不仅需要相关材料，学生还需要通过严格的英文SLEP笔试和由美国机构授权的新五月—中天教育专门设置的面试，合格者才有机会到美国进行为期10个月的文化交流项目。

几年级申请赴美读高中最合适

经有关留学专家分析，中学生在九年级去美国读书是最适宜的。九年级是美国高中的第一年，这个年级入学可以让留学生完整地学到美国高中的所有课程，对美国的课程体系可以有一种整体直观的由易到难的了解。

从九年级开始入读美国高中的优势主要有以下三点。

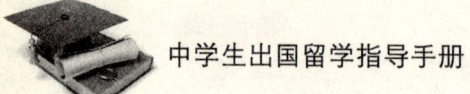

1. 良好的个人自理能力

九年级学生已经基本上可以做到自己照顾自己。其实，家长不必对未成年子女漂洋过海独立生活过多担心，毕竟孩子总是需要锻炼才能成长，只有能够早早独立的孩子，才有光辉的前途和无限的未来。

2. 更高的可塑性

比之其他年级的学生，九年级留学生更容易适应新的环境和教学方式，独立自由的学习模式能让他们开启创造性思维和提高独立思考能力，这样当他们进入美国大学本科学习时就能够应付自如、如鱼得水了。

3. 比较长的过渡期

比之高年级学生，九年级留学生离升大学时间较长，他们可以在这段时间内提高自己的英文水平，或者参加各种活动。在他们11、12年级的时候甚至可以选择一些难度较大的课程，这些都能为将来申请名校本科提供很大的助力。

读美国高中政策放宽

近年来，中国国民经济实力有了大幅增长，美元汇率不断下挫，这导致了越来越多的初高中学生提前了赴美国留学的时间。而这一现象的前提是读美国高中政策的放宽。

1. 入读门槛不高

美国优秀高中比起国内的重点中学，入学要求相对来说要低很

第十三章
中学生出国留学的注意事项

多。一般而言,中学生只要参加 SLEP 考试,并保证成绩在 40 分以上(总分 67 分),且近三年来的初高中成绩中等以上就可以达到要求了。甚至少数美国私立高中都不再看关于报名者的任何英语能力的考试成绩。

2. 入读名校机会更多

国内高中毕业直升美国名校难度太大,淘汰率很高,而且还必须考 SAT 或 ACT 等类似于美国高考的考试。并且目前国内大陆地区还没有 SAT 考点,参考非常不便。鉴于这种情况,赴美读高中便成了升读美国名校的捷径。而留美的中学生不仅能更好地备考,还能得到老师更有分量的推荐,并享受良好的升学指导。

3. 签证趋向宽松

出国留学,签证是关键。从美国近些年来留学政策的变化,我们不难分析出,为了争取到更多留学生,美国已经进一步放松中国学生留美签证,已经有越来越多的学生可以获得赴美留学的机会。

中学生赴澳留学须知

1. 学校分类

澳大利亚的中学教育承袭了六年的英国教育体制,学校由政策性质分为公立学校与私立学校。

公立学校是由政府出资、拥有及管理的学校。在这里澳大利亚本土的学生可以按地区入学,居住在一个区域的学生都集中到附近

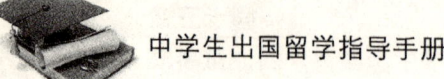

的学校就读，享受免费的中学教育。但公立学校对国际学生的管理力量比较薄弱，这是它最大的缺陷。

私立学校则是由私人集资、拥有及管理的学校。当然，一些隶属某些教会的私立学校，会由教会参与管理。在大部分私立学校中，海外留学生仅占全部学生的很小部分，但也有例外，有个别学校几乎全是海外留学生。

澳大利亚的高中学校按照入读学生的性别还可以分为男校、女校和混合校。一般来说，中国留学生由于文化差异和信仰的不同，都会选择混合校就读。不过澳大利亚的一些独立的男校和女校中学的教育水准与学术成就也都闻名于世，比如诺克斯文法男校就是中国学生的良好选择。

以上各类学校，均由政府长期监察，保持着高水准的教育。

2. 高中课程

澳大利亚的中学课程数目繁多，课程设置灵活多样。每所中学大概都会提供100多门高中课程给学生选择，从最基本的英语、数学、物理、化学，到音乐、美术、舞蹈、媒体、编程等，学生根据个人兴趣、特长选课，可以调动学习的积极性。并且所有课程都可以作为高考科目，学生可以在考试中充分发挥自己的特长，不再为分数而考试、为升学而学习。

3. 毕业考核

国外学校与国内学校最大的不同之处在于高考制度。

澳大利亚中学拥有灵活的考试评分标准，即平时成绩、学习态度及出勤率都占了分数的极大比例，这就迫使中学生必须认真对待平时的每一次考试和作业，而且也能避免一次考试定终身的不合理现象。

4. 升学路径

在澳留学生的升学途径有两种：

（1）在高中念完 12 年级后参加升学考试。

（2）去澳大利亚各大名校就读预科课程，读完预科进入优秀大学的几率会更高。

至于一些在国内念完高中再申请澳大利亚优秀大学的学生，他们理想的学校很容易被本地学生提早申请占去。

5. 留学条件

申请高中留学要比申请大学留学便利许多，但是需要注意的是名额有限，要帮孩子申请的家长尽量赶早。另外申请澳大利亚中学留学还有以下几个条件。

（1）初中在读或者高中在读。

（2）初中平均成绩在 70 分以上。

（3）年龄在 18 周岁以内。

（4）英语较好（无雅思要求，可申请直升语言班）。

（5）60 万元人民币以上的经济担保（依所学年限而定）。

6. 留学费用

公立高中：每年的学费大概是 7~8 万元人民币。

私立高中：每年的学费大概是 10~16 万元人民币。

官方给出的生活费标准为每年 18000 澳币，约合人民币 11.5 万元。

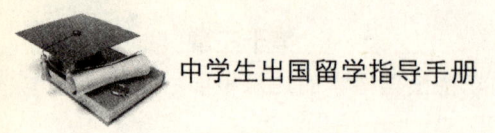

中学生赴新西兰读书需家长监护

从 2011 年 1 月 6 日开始，新西兰移民局相应地调整了签证审理周期，学生（AIP）预评估之后缴纳学费和生活费的时间缩短了一个月，大大加快了办理签证的整体速度。这也使得从中国赴新西兰的留学生越来越多，低龄化亦随之增大。

新西兰从小学五年级就开始接收留学生，但规定 10 岁及以下的小留学生必须由家长陪读，10～18 岁可以选择陪读。新西兰将修改签证规例，准许家长每次可以在新西兰居留一年，但不准工作，并且没有国民保健资格。

关于申请需要注意以下几点：

（1）申请费一般建议使用信用卡或买汇票。

（2）监护人的申请资格必须是被监护人的直系亲属，比如父母、外公外婆、爷爷奶奶。

（3）被监护人必须申请 Form7 以下的课程。11～13 岁的学生，如果没有家长陪同，又没有寄宿在学校，则要经过教育部特别批准。

第十三章
中学生出国留学的注意事项

新西兰限制性签证

限制性学生签证的持有者为完全符合留学条件，但被移民局质疑留学意图或是否有继续学习能力的学生。一般而言，这类学生年龄都偏大，在过去的一两年里没有学习的记录，虽然符合了留学条件，移民局也只给限制性签证。

在新西兰，持限制性签证的学生转学极为艰难。签证到期后必须回国续签。

年龄较大的学生和之前没有学习记录的人，在申请学习签证的时候需要注意以下几点：

（1）你的学习计划会对你的签证申请产生最为直接的影响。如果你在学习计划中透露只打算在新西兰学习一年就回国的意愿，那么你的学习计划必须表明长远的学习目的。

如果你只能提供特别有限的资金担保，也会影响学生签证的颁发。建议大龄学生在申请语言学校的同时，也申请大学的有条件录取。

（2）如果已经拿到了限制性签证，还可以提出进一步的签证申请，但必须在原有签证时间不足以完成学习计划的情况下才能申请。限制性学生签证持有人可以继续申请学生签证以进一步完成学习计划。

（3）一旦持有限制性签证，就不可以在新西兰境内再申请其他与原来签证目的不同的签证，当然也就不能提出定居签证的申请和难民申请。

（4）为了有力地控制限制性签证持有人在签证失效后仍然滞留在新西兰，移民局有可以向限制性签证的申请人收取一定数量的保证金的权利。不过目前移民局很少对申请限制性签证的中国公民收取保证金。

（5）短期留学生最可能拿到限制性学生签证，这个可以申请人主动要求签发，也可能是移民官觉得有必要签发。至于有长期留学打算，比如中学生或者申请就读大专学校专业课程的申请人，移民局一般还是签发普通学生签证，所以不必过多担心。

（6）就算拿到的是限制性签证也没有什么不好的，一样可以来留学，一样可以延期留学签证，只是留学结束后必须回去再申请其他签证才能再次去新西兰。

新西兰留学签证对英语水平无要求

新西兰虽然没有悠久的历史和到处可寻的古迹，但自然风光好，走在这个国家，随处停下来都是一幅美丽的风景画。

新西兰的教育制度也因实用、现代、合乎需求而在世界上享有盛名。更难能可贵的是申请新西兰留学签证并没有英语水平的入门要求。新西兰留学生不仅读英语比在国内节省2/3时间，因互认学分，还可直接升入英国、加拿大、澳大利亚等英联邦国家深造。因此，对于一些英语成绩不是很好的学生来说，去新西兰留学是一个不错的选择。

第十三章
中学生出国留学的注意事项

新西兰留学的优势

赴新西兰留学主要有以下优势。

1. 生活指数

(1) 气候环境适合中国人留学和定居

新西兰与中国的时差仅为4个小时,到了夏令时的时候是5个小时。全年平均气温在摄氏25度左右,气候温暖舒适,景色美丽宜人。

(2) 费用低

虽然新西兰是个岛国,但在经济上属于发达国家,人民币和新西兰元的比率约为5比1。与其他英联邦国家相比,新西兰的留学费用最低。甚至针对留学生,新西兰还有规定,留学生每周可以打工20小时,通过打工所得的报酬完全可以支付留学生在新西兰的生活花费。

(3) 英语环境好

新西兰的人口组成为70%白人,20%毛利岛民,10%外来移民以及留学生。中国的学生人数相对其他国家的留学生少很多,这样就给中国留学生提供了良好的英语环境。

2. 教育体制

(1) 年龄限制低

只要你的孩子有11岁,就可以来新西兰留学,这里有初中、高中、本科、研究生、博士可供选择,力争让不同阶段的学生都走上

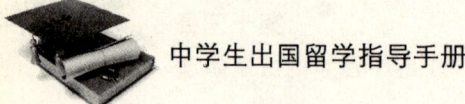

适合自己的留学路。

(2) 研究生课程安排严谨科学

新西兰的研究生课程延续的是英国的两年制教育体制。第一年是授课式，第二年是研究式，有利于充分发挥学生的创造性和创新能力。

3. 工作情况

(1) 新西兰需要大量有能力的移民，工作岗位有很多。

(2) 工作底薪很高，一般商科类本科毕业生的年薪为 35000 新西兰元，约合人民币 18 万元。

(3) 会两种语言的人在当地企业很受欢迎，当然，前提是英文要好。

(4) 新西兰针对移民的福利制度很好。基本上除了选举权，移民的福利与当地公民是没有区别的，像免费医疗、生育补助、失业救济等都可以享受到。在新西兰，政府每周会给失业的人员发放 240 新西兰元（约合人民币 1200 元）的救济款，这些钱可以在当地生活得很好，同时政府人员还会经常上门给失业人员推荐工作。

4. 移民制度

相比其他的国家，新西兰的移民制度是比较灵活的。学生只要满足最主要的两点：一是拥有新西兰的学历；二是拥有一份新西兰专业对口的工作，都有很大机会取得 PR（Permanent Resident，永久居民）资格。

在新西兰留学，最需要注意的是本科升硕士最好挑专业对口的课程。否则很有可能会加入硕士桥梁课程，加长学习的时间。如在本升硕的当口，建议学生要找相关的专业机构仔细咨询了解。

第十三章
中学生出国留学的注意事项

新西兰留学新政策

从 2011 年起,新西兰政府针对国际学生推出了多项学生签证政策。这些新的政策不仅简化了签证程序,还提高了申请的通过率。

1. 免费发"过渡签证"

过渡签证是指当学生签证的申请正在审批时,移民局发放的一种以保证学生能够合法地在新西兰学习的临时签证。

以前留学生为合法待在新西兰不得不先申请旅游签证作为过渡,或为获得签证而提供各种繁琐证明,如今这项政策的出台消除了因签证过期而不能合法滞留新西兰的担忧,也免去了学生的诸多麻烦。

2. 留学签证续签可免食宿担保

年满 18 周岁的留学生在新西兰境内申请续签,新西兰移民局将不再要求该生提供食宿担保证明,如果未满 18 周岁,留学生只需证明其食宿与新西兰教育部对留学生食宿的要求相符合即可。但是现阶段的续签申请,所有学生都必须出示住宿担保书,并提供 1 万新西兰元(约合人民币 5 万元)担保金。

这一新政策简化了申请新西兰学生签证的材料,加快了移民局的审理速度,也免去了留学生为每次续签提供住宿及资金证明的麻烦。

3. 缩短预评估到缴纳学费时间

学生签证预评估到缴纳学费的时间由两个月缩短为一个月。大

大加快了办理签证的审理速度。

新西兰移民局审理学生签证一般需要一个月时间，但如果学生通过权威专业的留学机构准备签证材料，并且制订了合理的学习计划，那么审理只需要1~2周就能获得预评估，预评估后及时缴纳学费、生活费便可获得准签。

"新政"调整后，解决了学生在签证过程中无签证读书的两难问题，另外需要注意的是，移民局严格按照学生缴纳学费的时间签发学生签证。

4. 体检延长有效期

新西兰移民局宣布，留学生"无犯罪记录"及"体检报告"的有效期将从目前的两年延长至三年。

以往留学生为了在新西兰境内申请续签，每两年就要重新做一次全身体检并提供"无犯罪记录"。这一新政的颁布，大大减轻了国际留学生的经济负担，也使得学生签证的申请变得更加简单。

附 录

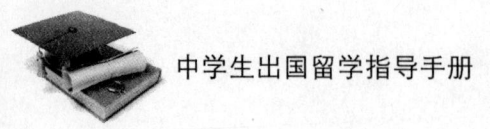

国内主要的留学中介机构及其网址

① 新东方,网址:www.xdf.cn

② 启德教育集团,网址:www.eic.org.cn

③ 环球雅思,网址:www.hq-ielts.com

④ 澳际教育集团,网址:www.aoji.com.cn

⑤ 艾迪国际教育,网址:www.eduglobal.com

⑥ EF 英孚教育,网址:www.ef.com.cn

⑦ 新航道集团,网址:www.newchannel.org

⑧ 金吉列,网址:www.jjl.cn

⑨ 伯乐留学公司,网址:www.bole.me

⑩ 嘉华世达国际教育,网址:www.educationusa.com.cn

⑪ 亨泰莱国际教育,网址:www.hanterry.com

⑫ 新通国际,网址:www.igo.cn

⑬ 新东方前途出国,网址:liuxue.xdf.cn

⑭ 东方国际教育交流,网址:www.e-canada.cn

⑮ 威久留学,网址:www.wiseway.com.cn

⑯ IDP 教育集团,网址:www.idp.cn

⑰ 施强留学,网址:www.strong-study.com

⑱ 弘成教育,网址:xueyuan.chinaedu.net

⑲ 学美留学,网址:www.gomei.org

⑳ 华恒教育,网址:www.huahengedu.com

注:所列留学机构排名无先后顺序。

出国留学的汇款方式

孩子留学在外,如何安全便捷地把学费生活费汇给他是一个关键问题,以下列出了三种汇款的方式方法供家长参考。

1. 小额汇款,采用西联汇款更方便迅捷

对出国留学人而言,如果要按指定账户或特定币种支付学费,首选电汇。但如果日常使用或应急,最方便、最快捷、最安全的方法是采用西联汇款,可在数分钟之内从汇款人到达收款人手中,无须开户,可随时支付,收款人不必交手续费。支取时可到国外任何一家西联汇款网点办理,并且汇现钞取现钞,汇款不需要把现钞变成现汇,避免了差价损失。汇款人信息、监控号码(密码)等还可以由汇款人电话通知收款人,收款人凭本人有效身份证件到西联汇款代理网点取款。

2. 票汇、电汇各有好处

出国留学业务中的汇款方式有电汇和票汇。目前,不少海外学校要求留学生以电汇支付学费。这就要求出国留学人员必须了解收款人名称及地址、收款人账号、收款人开户行及地址等信息。若选择票汇,汇款人需提供收款人的正确姓名和地址,但别忘了在银行留下联系地址,以便汇款出现问题时及时联系。

票汇和电汇的收费标准不同,票汇比电汇略微便宜,但如果汇票不是本人携带出境就需要通过邮寄,这样会产生邮寄费用和风险,此外,票汇的到账时间比电汇慢,电汇快捷,目前各家银行均主要

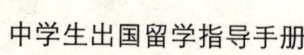

以办理电汇为主。

在汇款时会发现，同样的金额，电汇到同一个城市的收费会有不同，这种收费差异是由银行间的中转费用产生的。因此，选择正确的汇款线路，也是节省费用的重要条件。

3. 购买外汇、汇款

自费留学者到银行汇款，需提供身份证或户口簿、所到国家的入境签证护照、国外学校正式录取通知书、费用通知单等材料。汇款金额不能超过费用通知单上注明的金额，低于等值1万美元的现钞或等值2万美元的现汇可由银行直接办理；若汇出现钞、现汇超过上述金额，则需要凭护照签证、境外学校录取通知书、费用通知单到所在地外汇管理局审批后办理。出国留学人员如果自己没有外汇，可以用上述汇款材料直接在银行购买外汇，办理汇款。

根据规定，我国居民可自行携带低于5000美元现钞或等值外币现钞过关出境，高于此限额的必须在出境时向我国海关出示外币现钞携带证，最高限额为等值1万美元。出国留学人员可凭本人护照、有效签证和外汇存单或存折等材料到银行开立"外币携带证"。

高中生留学加拿大常见问题解答

1. 高中生留学加拿大，需要多长时间准备

一般来说提早一年开始着手申请工作。如果想申请名校录取条件会更高，申请的工作也要提早进行。最好避开高考后加拿大留学扎堆儿申请的高峰期。

2. 高中毕业生申请加拿大本科的成绩要求是多少

本科的录取条件是高中毕业，高中平均成绩至少 75 分以上；雅思 6.5 或同等托福成绩；如没有语言成绩可以申请提供有条件录取的学校。一般来说高三的第一学期结束时应该开始着手申请工作。

3. 高中生留学加拿大费用是多少

加拿大的留学费用大约每年 15 万元人民币。其中，交通费每月 3791 元，伙食费每月 950 元，全年住校或家庭住宿费为 50550～63000 元。

4. 高中生是否能直接申请加拿大本科

对于很多优秀的高中生，是完全可以直接申请加拿大本科的，比如英属哥伦比亚大学、多伦多大学，但需要这些同学拥有出色的高中成绩和语言成绩，比如，高中平均成绩 85 分以上，同时高考成绩在一本线以上，而且雅思在 6.5 或托福 80 分以上。这些成绩将给校方一个明确信号：申请者学习能力强，成绩优异，而且语言出色。对于这样的学生，只要在留学专家指导下科学申请，绝大多数情况下都会成功留学加拿大。

5. 高中生留学加拿大有哪几种常见方式

对于初三、高一在读的同学，可以执行的留学方案是"高中＋本科"；对于高二、高三在读的同学，可以执行的方案是"（语言）预科＋本科"；对于高中应届毕业生，可以执行的方案是"语言＋本科"，也可以通过"语言＋大学转学分课程＋本科（大三、大四）"或"语言＋大专文凭课程"来完成申请。

6. 加拿大双录取是指什么

我们常说的加拿大"双录取"就是指，加拿大大学针对报考学生发送两张录取通知，一张是该学校语言中心的录取通知，另一张

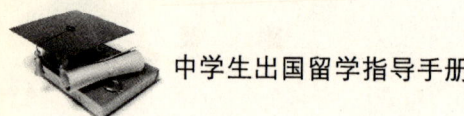

是该学校的录取通知。只要学生可以顺利在该校语言中心结业,便可直接进入该大学。这对于暂时没有语言成绩,又想尽快到加拿大大学学习的中国应届高考生来说,是比较合理的选择。

高中生留学美国四种选择

美国开放的教学氛围一直很受思维活跃的高中学生热捧,那么高中生申请美国留学,有哪几种选择呢?

1. 先到美国的私立高中就读

目前不少高一、高二申请的学生先进入私立高中学习,毕业后考取美国名校的比例较大。目前申请私立高中门槛并不高,只要成绩高于75%的学生,雅思5.5分就可录取。

2. 优秀学生可直接入读本科

最传统的留学方式是学生通过托福或雅思考试,条件好的学生可以再考SAT,高三上学期时获得合格的托福或雅思成绩,直接申请美国大学本科。但是要求很高,学生不仅要有较高的英文水平,还要有较强的独立性。一般要求雅思6.0分,高中三年平均分在80分以上,如果要申请排名前50的名校,则平均分最好在90分以上。

一般每年9~12月是申请美国大学最好的时机,申请结果会于次年1~3月出来。

这种方案一般学生高三下学期开始申请,高中毕业后通过双录取,先在该大学内的语言中心读完ELS课程,然后直接进入该大学。

3. 先就读社区大学后转学分

社区学院学制较灵活，国际学生可先在社区大学选修半年的高中语言课程，语言成绩过关后，就可进入副学士学位课程学习。副学士学位课程学分修满后，就可转学到其他大学学习。对于目前条件不够，但希望日后进入美国前 50 的学校学习，选择社区大学入读最理想，可有两年拼搏时间，只要达到社区大学与美国前 50 大学的转学协议的要求，就可成功转学。此方案也适合高一、高二的同学申请。

4. 无语言成绩可申请"双录取"

"双录取"主要是针对没语言成绩或语言能力暂时较弱的学生，美国的学校会发出两份录取通知书：校语言中心和该校本科有条件录取。学生入学后，先进语言中心学习，语言过关后，直接进入本科学习。

如何选择美国学校

对于如何选择美国学校，留学专家给广大家长和学生朋友提出了几点参考意见，具体如下：

（1）读社区学院可享政府补贴

留学美国选择不同的学校，学费的差异很大。例如社区学院由于享受州政府财政补贴，国际学生的学费大概一年 44000～54000 元之间。而如果选择私立高中，则学费则要每年 6～18 万美元不等，不过不少私立高中也通常设有才华奖学金和助学金。

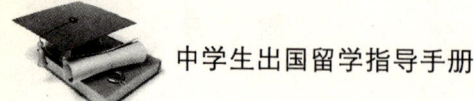

如果经济一般的家庭，推荐就读美国中部的社区学院，不仅学费相对便宜，那里的生活成本也比较低。

（2）申请学校成功后再申请奖学金

对于希望获取奖学金的高中留学生来说，在申请学校成功后再提出奖学金申请才是明智的选择。因为如果在申请学校时候就提出申请奖学金，学校会怀疑该学生是否有足够的经济实力完成留学课程，这样会降低被录取的机会。所以待学生顺利入学后，再回头请国内的留学中介帮忙申请奖学金比较好，而且大多数私立学校或者州政府，也都有对学生的商业赞助，此时再申请成功率较大。

九大最受中国学生欢迎的留学国家

1. 美国

作为世界上最发达的国家，美国当仁不让成为大学生最青睐的留学目的地。美国院校资源丰富，科研水平世界领先，奖学金丰厚，相信这三点已经足以让学子们趋之若鹜了！

2. 英国

英国的高等教育有着深厚的历史积淀，那些动辄建校已逾百年的大学，是国际学生了解英国进而走向世界的绝佳舞台。一年制的讲授式硕士课程能让学生获得高含金量的文凭，更兼顾了省时、省钱的优点。

3. 加拿大

一方面，加拿大的高等教育与美国接轨，加拿大的毕业生可以方便地赴美国就业;另一方面,加拿大又是一个移民大国,关于经验类移民和毕业生工作签证的最新政策,能让国际学生"文凭绿卡双丰收"。

4. 澳大利亚

这个占了大洋洲绝大部分面积的移民国家,不仅能让留学生在那里接受高质量的教育,更能为他们提供完善的移民路径。学生通过个人努力移民澳大利亚后,可为家人办理移民,使全家人享受澳大利亚的完善福利保障。

5. 韩国

与日本同为平价留学目的地,但韩国的签证和入学门槛更低。没有语言基础的学生也可以获得留学签证,到韩国过语言关;中国学生进入韩国大学不需要经过统考,比韩国学生更容易进名牌大学。

6. 日本

日本是接收中国留学生的大国,2008年日本政府又提出了"30万留学生计划",这无疑进一步拓宽了中国学生的赴日渠道。同时,日本的留学生打工政策宽松,这使其成为了目前最主要的平价留学目的地。

7. 德国

虽然德国大学也开始收取学费,但是许多大学的学费只是象征性的,其综合费用仍然较低。同时,德国高等教育以严谨著称,能获得德国大学的一纸文凭,对学生的就业和发展将非常有利。

8. 法国

目前为止,法国的公立大学仍然实行免学费教育,这在欧洲众多国家中已属于硕果仅存。在艺术教育领域,法国的优势无可比拟,浓厚的文化氛围让无数学子对那里心驰神往。

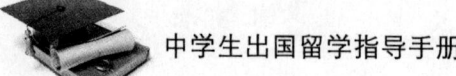

9. 新加坡

人才是新加坡赖以生存的发展动力，而近几年来，新加坡人口的增加主要依赖移民。其中，留学生是新移民的主体人群。因此，学生选择留学新加坡，也等于选择了一条移民途径。

留学咨询相关网站

① 中国留学网：www.cscse.edu.cn

② 天天留学网：www.day-liuxue.com

③ 山东留学网：www.elxo.com

④ 留学团购网：www.liuxue-tuangou.com

⑤ 533留学网：www.533.com

⑥ MY COLLEGE留学网：www.mycollegelx.com

⑦ 留学E网：www.eduwo.com

图书在版编目(CIP)数据

中学生出国留学指导手册/沧浪主编. —北京:北京大学出版社,2012.9
ISBN 978-7-301-21081-9

Ⅰ.①中… Ⅱ.①沧… Ⅲ.①留学教育—外国—手册 Ⅳ.①G648.9-62

中国版本图书馆CIP数据核字(2012)第186404号

书　　　名:	中学生出国留学指导手册
著作责任者:	沧　浪　主编
责 任 编 辑:	樊晓哲
标 准 书 号:	ISBN 978-7-301-21081-9/G·3474
出 版 发 行:	北京大学出版社
地　　　址:	北京市海淀区成府路205号　100871
网　　　址:	http://www.pup.cn
电　　　话:	邮购部 62752015　发行部 62750672　编辑部 62764976　出版部 62754962
电 子 邮 箱:	zpup@pup.pku.edu.cn
印　刷　者:	北京宏伟双华印刷有限公司
经　销　者:	新华书店
	710毫米×1000毫米　16开本　16.5印张　200千字
	2012年9月第1版　2012年9月第1次印刷
定　　　价:	29.80元

未经许可,不得以任何方式复制或抄袭本书之部分或全部内容。
版权所有,侵权必究
举报电话:010-62752024　电子邮箱:fd@pup.pku.edu.cn